Nuestros hijos en la red

Nuestros hijos en la red

50 cosas que debemos saber para una buena prevención digital

Silvia Barrera

Plataforma
Editorial

Primera edición en esta colección: enero de 2020
Segunda edición: enero de 2020

© Silvia Barrera, 2020
© de la presente edición: Plataforma Editorial, 2020

Plataforma Editorial
c/ Muntaner, 269, entlo. 1.ª – 08021 Barcelona
Tel.: (+34) 93 494 79 99 – Fax: (+34) 93 419 23 14
www.plataformaeditorial.com
info@plataformaeditorial.com

Depósito legal: B 27457-2019
ISBN: 978-84-17886-02-8
IBIC: VS
Printed in Spain – Impreso en España

Diseño y realización de cubierta:
Grafime

Fotocomposición:
gama, sl

El papel que se ha utilizado para imprimir este libro proviene
de explotaciones forestales controladas, donde se respetan
los valores ecológicos y sociales, y el desarrollo sostenible del bosque.

Impresión: BookPrint Digital
L'Hospitalet de Llobregat (Barcelona)

Índice

Por qué te puede resultar útil este libro 13

Primer reto.
    Comprender la realidad en la que vivimos ahora. . 19

Segundo reto.
    No dejarlos solos al navegar 23

Tercer reto.
    Para qué preguntar, si ya sabemos la respuesta. . . . 29

Cuarto reto.
    Los menores y su cibermundo, distinto
    al de un adulto 33

Quinto reto.
    ¿Estamos preparados para el cibermundo
    y para enseñar a nuestros hijos a moverse en él?. . . 37

Sexto reto.
    Autoevaluémonos. 43

Séptimo reto.
Padres e hijos en Internet 51

Octavo reto.
Quien evita la ocasión evita el peligro. Pero
es mejor enseñar que prohibir 55

... Y un recordatorio y un consejo 59

Cincuenta cosas que los padres deben saber 61

1. ¿A qué edad debo comprar un móvil a mi hijo? .. 61
2. ¿Control o supervisión? 64
3. ¿Cuál sería el punto de partida para navegar
   por la red? 66
4. ¿Es prudente publicar información de mis hijos
   en la red? 70
5. ¿Firmamos un contrato? 73
6. ¿Qué se van a encontrar en la red mis hijos? 77
7. ¿Qué aplicaciones debemos seleccionar? 80
8. Cómo ayudar a mis hijos a crear y gestionar
   un perfil en una red social 86
9. Configurar los dispositivos desde los que accederá
   a Internet 91
10. Herramientas de control parental. ¿Se recomienda
    su uso? 95
11. ¿Son infalibles estas herramientas de control
    parental? ¿Y si tengo un hijo *hacker*? 98
12. Haz que la vuelta al cole sea segura. Controla
    sus dispositivos electrónicos 102

Índice

13. ¿Qué peligros existen en los videojuegos, juegos
sociales y casinos *online*? 106
14. Mi hijo ha llegado al nivel máster del videojuego
gracias a sablearme la cuenta bancaria comprando
bienes virtuales. ¿Qué puedo hacer? 113
15. ¿Son seguras las aplicaciones que se descarga
mi hijo? 117
16. ¿Qué es el *livestreaming* o las grabaciones
en tiempo real? 124
17. ¿Qué indicaciones tengo que darle para que
tome precauciones mientras chatea con otros
usuarios? 128
18. *Egosurfing*. OSINT o búsqueda de información
sobre tus hijos para controlar el grado
de exposición en la red 129
19. ¿Cómo de expuestos están nuestros menores? . . . 131
20. ¿Puedo espiar a mi hijo? 135
21. Espionaje casero: las pistas que tienes que seguir
para saber si alguien te hace una «contravigilancia
digital en casa» 141
22. He descubierto que mi hijo ha publicado
contenidos lesivos o participa en foros donde
se comparte información violenta. ¿Cómo
lo gestiono? 144
23. Mi hijo lo publica todo. El riesgo de la
sobreexposición y la cultura del *like,* el *selfie*
y los *challenges* (retos) 150
24. Adicciones. Mi hijo no se separa del móvil 157

25. ¿Pueden espiar a mi hijo por la *webcam* o el micrófono? 161
26. ¿Es fácil para mi hijo acceder a eso que llaman la *deep web*? 166
27. *Ciberbullying*. ¿Qué puedo hacer si crean un perfil falso de mi hija y comienzan a acosarla? 176
28. El *grooming*. ¿Cómo actúan los ciberdepredadores sexuales en busca de víctimas menores? 184
29. ¿Qué es el *sexting*? Consecuencias legales de difundir fotos e imágenes de menores y entre menores 188
30. He revisado el móvil de mi hijo y me he encontrado con conversaciones insultantes, vejatorias, fotos pornográficas o contenido comprometedor o relativo a menores. ¿Qué hago? 195
31. Sociedades hipersexualizadas y una web de citas en el móvil de nuestros hijos. Peligro. 199
32. ¿Y si te encuentras pornografía infantil en un dispositivo que no es tuyo? 203
33. ¿Cómo están nuestros hijos de expuestos en la red? ¿Son un blanco fácil para los cibercriminales? ... 206
34. ¿Para qué sirve una denuncia? 211
35. Una vez que he denunciado, ¿habrá un proceso penal? 225
36. A mi hijo le han robado su cuenta en las redes sociales. ¿Se puede recuperar? 227
37. ¿La publicación de imágenes y comentarios que suplantan la identidad de mi hijo es delito? 233

Índice

38. Solo guardo una captura de pantalla de lo ocurrido,
¿es suficiente? 236

39. ¿Llegarás a saber quién es el autor del delito que
has denunciado? 241

40. Las redes sociales, ¿son gratis? 244

41. Redes sociales que arrasan entre los menores y que
son potencialmente peligrosas. 250

42. ¿Cómo pueden mis hijos ocultar *apps* en los
dispositivos móviles? 264

43. Mamá, quiero ser *youtuber* o *instagramer*. 266

44. Family Link, la herramienta de control «gratuita»
de Google. 272

45. ¿Puedo saber de dónde viene un contenido viral,
un bulo o *hoax* que me ha llegado por WhatsApp?. 275

46. ¿Es conveniente desactivar las redes de nuestros
hijos por un tiempo si identificamos problemas? . . 281

47. ¿De dónde vienen fenómenos como «la ballena
azul» o «Momo»? 282

48. ¿Qué información pueden obtener «los malos»
a través del teléfono móvil de mis hijos? 285

49. Mi hijo ha desaparecido. ¿Podemos hacer alguna
indagación en su teléfono móvil? 289

50. Mi hijo ha cometido un delito en la red. ¿Qué
consecuencias puede tener? 294

Epílogo. 299

Por qué te puede resultar útil este libro

«No tengo tiempo».

«No sé nada de Internet».

«Las redes sociales son cosas de niños».

«Los juegos son inofensivos».

«Mientras esté en casa con el móvil, está controlado».

«Las conversaciones de WhatsApp se quedan en el ámbito privado».

«Las herramientas de control parental vigilan y controlan a mis hijos por mí».

«Mi hijo me pide un móvil y no sé por dónde empezar».

«Como tengo miedo de Internet, mis hijos no tendrán móvil hasta los dieciséis».

«Se esconde en la habitación con el móvil y no puedo saber lo que hace».

«Me instalo una aplicación espía para poder ver lo que está haciendo mi hijo en todo momento con el móvil».

«A mi hijo no le pasan estas cosas, son temas del vecino».

«Si le pasa cualquier cosa, sé lo que tengo que hacer: denunciar».

Es muy probable que en más de una ocasión te hayas encontrado pronunciando alguna de estas frases o que alguna de estas cuestiones se haya suscitado en casa y, sin embargo, y posiblemente en contra de lo que crees, no siempre tenemos las respuestas adecuadas ante cada una de estas situaciones porque, además, muchas de estas afirmaciones o creencias son erróneas y, de hecho, son todo un dilema.

Y es que la llegada de Internet y las redes sociales ha arrasado con el mundo convencional tal como lo conocemos desde hace años y la mayoría de nosotros, como padres de niños hiperconectados, carecemos de las respuestas y de las herramientas para reaccionar ante tantas preguntas.

Seguro que añoras tu mundo analógico y la forma en la que interactuabas con tus iguales... ¡Qué viejos tiempos! ¡Y qué felices éramos entonces!

Ante todo, no debemos culpabilizarnos: es cierto que no se nos puede exigir conocer la respuesta ante tanta pregunta porque nadie nos ha enseñado y, cuando éramos jóvenes, no vivíamos en una época tan tecnológica, pero la realidad es que hoy en día a nuestra gran responsabilidad como padres se añade el hecho de que el mundo virtual y el uso de los dispositivos móviles nos supera y no sabemos, en muchos casos, cómo actuar.

Hoy en día, entre muchos adultos, impera la creencia de que los niños de ahora no saben divertirse ni lo que es tener un amigo de verdad. Atrás quedaron los colegas del cole que te llamaban al telefonillo para que bajaras a jugar, las carreras en el patio de la escuela, aquellas cartas furtivas en papel pasadas por debajo de los pupitres o la eterna espera en el banco con los amigos para esperar al chico o chica que te gustaba. Por la noche, cuando llegabas a casa, te llamaban tus amigos al teléfono fijo de uso familiar y mantenías una conversación mientras tus familiares eran testigos privilegiados de tus secretos de juventud e incluso, casi con toda seguridad, eran tus padres los que descolgaban el auricular y te lo pasaban diciendo con la mirada: «Cuidado con lo que haces o con quién te juntas, que te tengo controlado». Porque así eran las cosas: la vigilancia parental era férrea y todo aquel que osaba retarla acababa castigado en la habitación.

Sin embargo, en treinta años el mundo ha cambiado radicalmente... ¿o no tanto? Porque ser padres sigue siendo un acto heroico que se aprende sin otro misterio que la práctica y las noches sin dormir, con un ojo en las obligaciones y el otro siempre en los niños, con el deber de saber siempre dónde están, con quién y qué están haciendo, ya que, si por una parte las enérgicas e inquietas mentes infantiles necesitan explorar y aprender, eso implica, por parte de los padres, un sobrehumano control parental destinado a garantizar en todo momento que nuestros hijos están bien y seguros, que están protegidos.

Por el contrario, desde hace unos años los padres nos hemos visto obligados a encarar la etapa más complicada de la historia de la humanidad, la cuarta revolución tecnológica, la más importante de todos los tiempos, y debido a ella la relación entre padres e hijos ha vivido una transformación sin precedentes: hacer frente a un aparato que los tiene «a todas horas enganchados».

Cada vez, y desde más jóvenes, el día a día es una lucha constante entre el «Ni Periscope ni hostias», pasando por el «Dame el teléfono, que lo voy a tirar por la ventana», hasta llegar al «Te voy a castigar sin móvil y la próxima vez que lo veas los coches volarán».

A diferencia de nuestra juventud, en la que percibíamos físicamente nuestro mundo, la de nuestros hijos tiene lugar en un mundo hiperconectado con acceso a todo contenido y a todas las personas, con los peligros que eso conlleva. Porque si muchos adultos están todo el día enganchados a la información que consumen a través de Internet o consultando el móvil, ¿qué puede hacer tanta información en la mente de un niño, ávida de estímulos y de experiencias?

Nuestros hijos aprenden y se mueven en un universo virtual que no saben controlar y eso, ciertamente, puede inquietar a cualquiera. Además, cada vez se conectan a edades más tempranas, en muchos casos por exigencias del colegio o de su entorno, y los padres ya no podemos evitar que nuestros hijos estén virtualizados desde edades muy tempranas, hasta el punto de que tecnología y menores se está convirtiendo en el tema estrella de la casa, de las charlas a la salida del cole o los remojos piscineros en época estival. Y, mientras tanto, el mundo del menor sigue girando en torno a todo lo que ocurre detrás de una pantalla, ajeno a esas cuestiones porque tiene cosas más importantes de que preocuparse, como estar al día de lo que dice el *youtuber* preferido o de cómo se viste la *instagramer* que además es poeta, artista y tiene una línea de ropa. Nuestros hijos en la actualidad quieren ser *poser*, como dicen los más pequeños y no tanto, o participar en ese *challenge* que es un reto tan tan... ¡Tranquilos! Juntos aprenderemos el significado de estos términos que los tienen completamente enganchados y que a veces tan arriesgados y peligrosos son para sus vidas.

Pero empecemos por el principio. La pregunta del millón es: ¿cómo gestionar esta difícil etapa que nos ha tocado vivir?

Para hacernos una idea de a qué nos enfrentamos explicaré en pequeñas píldoras o claves cuáles son, como padres, nuestros ocho retos más inmediatos, y añadiré un recordatorio y un consejo final. Vamos a ello.

Primer reto.
Comprender la realidad en la que vivimos

La tecnología y los cambios sociales son positivos, pero implican un período de conocimiento y adaptación. Siempre se ha tendido a demonizar el avance, a limitar lo desconocido y a prohibir lo que no se entiende y, como no podía ser de otro modo, ocurre lo mismo con el uso de la red y con los dispositivos móviles.

Los adultos se lamentan por el manejo imprudente que los menores hacen de Internet, pero lo cierto es que no se les puede exigir un comportamiento prudente cuando nadie les ha enseñado. Es así, nuestros hijos ni lo aprenden en casa ni en el colegio porque, aunque las charlas divulgativas que un experto o un miembro de las fuerzas y cuerpos de seguridad puedan impartir son de gran ayuda, estas nunca deben ser el sustituto de una educación en tecnología y ciberseguridad, que resulta muy necesaria.

«Pero ¡si saben utilizar la tableta con tres años! ¡Si manejan el móvil y se mueven por Internet mejor que yo!», podríamos argumentar.

Cierto, son auténticos nativos digitales que interiorizan su uso como algo natural, como un idioma, lo que hace que su cerebro se amolde de igual forma a la lógica computacional. Sin embargo, no debemos confundir el término «usabilidad», esto es, conocer las utilidades y cómo o dónde acceder a los recursos de la red, con identificar sus riesgos, porque precisamente ahí es donde nuestros hijos están totalmente desprotegidos y, por tanto, donde se está fallando.

Porque en la red los peligros acechan por igual a menores y a adultos, pero con la gran diferencia de que los primeros no han desarrollado las habilidades emocionales y los recursos necesarios para gestionar este problema.

No son pocos los padres que piensan que, al fin y al cabo, durante las horas que sus hijos están conectados «No existe niño en casa. La paz es absoluta. Les das el móvil y entonces se entretienen. ¿Qué cosas malas pueden pasarles estando en casa mirando una pantalla?». Las tabletas y los móviles nos brindan un muy socorrido descanso de la fatigada supervisión parental, pero, ojo, pueden ser un comodín envenenado.

Recuerdo que, cuando publiqué mi primera obra sobre investigación en redes sociales, decenas de padres acudían a mis presentaciones muy preocupados. «Le doy un móvil abierto al mundo en el que pueden comunicarse con cualquier persona y no sé ni por dónde empezar», me decían intranquilos. Años más tarde, siguen con la misma preocupación.

Y, si los padres nos encontramos perdidos..., ¿qué decir de los abuelos con nietos a su cargo? A mis ponencias y presentaciones han acudido, para mi sorpresa, muchísimas personas mayores que buscan información sobre lo que está ocurriendo «en ese mundo del Internet» que tiene a sus nietos tan revolucionados, y me dicen: «Los veo con la caja tonta esa entre las manos y no sé lo que están haciendo. ¿Qué es eso y por qué están tan enganchados?», me preguntan.

Recuerdo con especial cariño una presentación en Valladolid sobre redes sociales. Nada más acceder al auditorio me sorprendió que estuviera repleto de personas mayores, de abuelos angustiados que querían saber qué era eso que tenía a sus nietos tan absortos.

Para adaptarme a mi audiencia, la primera pregunta que dirigí al público fue: «¿Quién de aquí utiliza o sabe lo que es Facebook, Instagram, Twitter o alguna red social?». Solo tres levantaron la mano. Ahí comprendí que el reto estaba en hablarles de los riesgos de las redes cuando la mayoría, con la única excepción del WhatsApp, no saben lo que son.

Decidí plantearles situaciones reales y fui testigo de su asombro: ¿que mis nietos pueden contactar con cualquiera, que pueden hacerse pasar por adultos sin ningún tipo de control?, ¿que hay gente que les dedica perfiles con la única intención de humillarlos, vejarlos y reírse de ellos públicamente?, ¿que algunas chicas menores mandan fotos íntimas, incluso desnudas, al chico que les gusta, y acaban siendo publicadas al acceso de cualquiera?

Sí, sí y sí. Sí a todo.

Pero ¿y cómo es eso? Esa es, sin duda, la pregunta clave: ¿cómo funcionan Internet y las redes sociales?

Siempre he insistido en que, además de seguir unas mínimas pautas para actuar con nuestros hijos, los padres debemos conocer cómo funciona el mundo virtual en el que se mueven, cómo lo perciben. Solo después, con toda la información disponible, seremos capaces de tomar decisiones.

Porque no se trata de creer con fe ciega lo que dice en los medios el experto de turno —si es que realmente lo es—, sino de adquirir unas pautas y, en función de ellas, decidir en cada familia lo que más conviene.

Y es que nunca debemos olvidar que cada hogar vive una situación personal diferente que depende de muchos factores: el sexo de nuestros hijos, su madurez, el tipo de comportamiento que hayan manifestado, sus necesidades, su personalidad y grado de madurez y muchos más condicionantes que influyen y que iremos conociendo a medida que avancemos con el libro.

Así pues, nuestro primer reto será CONOCER: conocer a fondo, por una parte, Internet y las diversas redes sociales, pero también conocer a nuestros hijos e, incluso, la dinámica de nuestro hogar, de nuestro problema. Y también conocernos a nosotros como padres, con nuestras fortalezas, debilidades y errores.

Segundo reto.
No dejarlos solos al navegar

Mi vida policial empezó en 2004 y hasta hoy he desarrollado una importante labor investigadora con las redes sociales. Cuando casi no se hablaba de ellas, algunos ya las empleábamos como una útil fuente de información, y así adquirí conciencia de su poder y me convertí en testigo privilegiada de su evolución, porque Internet es un universo cautivador y las experiencias que proporciona son infinitas, tanto que ha cambiado nuestra forma de percibir el mundo y ha causado un gran impacto en nuestra vida adulta, pero también en la de los más pequeños.

Aunque lo parezca, no exagero, solo tenemos que recordar cuántas veces nos han asombrado nuestros hijos por lo que son capaces de hacer a edades tan tempranas, y es que es un hecho que Internet es hoy la mayor fuente de información accesible, una fuente a la que vivimos permanentemente expuestos.

Si preguntara la edad a la que es conveniente dar a un niño una tableta o un móvil, con toda probabilidad una de las respuestas sería: «Cuanto más tarde, mejor». Cierto, pero no: podemos darle sin ningún miedo un móvil a un niño de tres años... siempre y cuando no tenga acceso a la red.

He aquí el meollo de la cuestión: el dispositivo informático no conlleva ninguna preocupación porque en realidad los peligros y los riesgos están en el mundo interconectado, en Internet, un reflejo de nuestra sociedad actual, donde navegan menores y adultos por igual, con acceso indiferenciado a los mismos contenidos.

Cuando nuestros hijos accedan a un punto wifi, o cuando el móvil que les demos tenga red, los estaremos dejando solos en un mundo adulto, igual que si los dejáramos en medio de un centro comercial sin acompañar.

Lo cierto es que, como conviene recordar, no es lo mismo tener una tableta donde podemos seleccionar y almacenar los contenidos a los que los menores pueden acceder que estar conectado a la red. Este es el punto de inicio que nos abre las puertas a un gran mundo de posibilidades desconocidas, llenas de riesgos, y que nuestros hijos, habitualmente, experimentan solos.

En otras palabras: se puede vivir en un mundo digital, incluso rodeado de dispositivos informáticos, pero el control debe empezar cuando se les da acceso a la red a nuestros hijos y estos pueden navegar o comunicarse con cualquiera sin restricciones. Porque, por supuesto, las empresas que diseñan, programan o venden aplicaciones, sistemas de comunicación de mensajería instantánea o juegos no son responsables del uso que se haga de su *software*. Es algo similar al mensaje de las cajetillas de tabaco: «Fumar mata», pero cualquier adicto a la nicotina puede comprarlas alegremente porque a las tabacaleras les preocupa su salud lo mismo que a una red social que haya menores con acceso a contenidos nocivos: nada.

Por mucho que las redes sociales adviertan en sus términos y condiciones acerca de un uso responsable, en último lugar la responsabilidad de lo que nuestros hijos consuman será nuestra, de los padres, ya que solo nosotros podemos decidir dónde, a qué edad y de qué forma van a tener presencia en la red. Y es que las redes sociales, las aplicaciones, etcétera, son empresas, y nuestros hijos, al igual que cualquier adulto, el producto con el que recuperar su inversión y ganar dinero.

Porque ¿cómo es posible que una red social gratuita como Facebook, en la que un niño de catorce años (o menos) puede tener un perfil, facture más que la gigantesca Amazon? Desengañémonos, estas corporaciones no son hermanitas de la caridad.

Otro factor a tener en cuenta respecto al uso de las redes sociales por menores es el enorme impacto que tendrá ya en su etapa adulta la huella digital que estos han ido dejando desde niños: ¿qué ocurrirá cuando traten de buscar un empleo, acceder a determinados puestos o formalizar una hipoteca?

Puede que se topen entonces con que su banco, al igual que hace WeBank, el primer banco chino de Internet, analice su riesgo de impago a través de sus redes sociales. Y los problemas no se quedan ahí: también se puede rastrear la huella digital en los procesos de selección para universidades, contratación de servicios...

Nuestra huella digital habla por nosotros, nos delata, hasta el punto de que lo que se dijo o publicó hace tres años nos puede costar hoy un puesto de trabajo.

Y el gran problema es que el Internet al que acceden nuestros hijos es el mismo en el que nos comunicamos nosotros, los adultos, que entramos en webs de todo tipo y temática, hacemos compras y transacciones bancarias, recibimos propuestas de contenido sexual en una red profesional o *spam* (correo basura) con intentos de fraude, conectamos con gente en LinkedIn (red social profesional y de empleo), somos engañados al comprar en webs simuladas e, incluso, podemos sufrir que nuestros ordenadores se infecten o sean secuestrados con *ransomware* que nos amenaza con no liberar nuestros datos hasta que paguemos una cantidad de dinero. Es, como se ve, un mundo muy real. Y es también el entorno donde se mueven nuestros hijos, y lo experimentan solos sin ningún tipo de control ni supervisión.

Llevo mucho compaginando mi labor policial con la concienciación y divulgación. En poco más de tres años participé en más de trescientos eventos públicos y di clases de ciberseguridad en distintas instituciones. Acabé exhausta: padres, madres, ancianos, jóvenes, niños..., todo tipo de público ha escuchado mis ponencias sobre seguridad informática y ciberdelitos y, si algo sé como experta, es que ningún profesional o entidad puede proteger a un usuario en la red, ni siquiera la policía, porque, por más que ayudemos a identificar y detener a un delincuente o a mitigar el impacto que ha tenido sobre sus vidas un ciberdelito, nadie puede proteger a nuestros hijos mejor que nosotros mismos.

Como padres, nuestra tarea es prevenir a nuestros hijos, enseñarles a navegar de forma segura y a identificar y detectar posibles situaciones de riesgo.

Por mi parte, yo sigo investigando en el campo de la seguridad informática y trabajando en la policía en ciberinvestigación, y, cuanto más estudio, más cuenta me doy de que, hoy por hoy, aunque las herramientas y aplicaciones informáticas pueden constituir un servicio de protección muy eficaz, el punto clave de la propia ciberseguridad es el comportamiento del ser humano y las corporaciones.

Así, igual que tenemos claro que ni el coche más seguro nos salva de un accidente por nuestra propia conducción, en la red ocurre exactamente lo mismo.

Si dejamos solo a un niño sin haberle dado una sola pauta o bajo cierta supervisión, va a estar muy expuesto a conductas de riesgo. Nunca debemos olvidar que las pautas y la supervisión son necesarias no como control, sino como protección.

Tercer reto.
Para qué preguntar, si ya sabemos la respuesta

Muchas veces, en mis exposiciones y conferencias, he preguntado al público qué opciones y herramientas empleaban para resolver un ciberproblema (delictivo o no) en el caso de que sus hijos o los propios menores se toparan con uno. Las respuestas eran casi siempre las mismas: «Denunciar», «Borrar las redes sociales», «Acudir al banco», «Desaparecer de Internet», «Contactar con la web o la red social que me presta el servicio», «Encargarle a un familiar o a un amigo, el que sabe de Internet, que solucione el problema» y, lo que es peor aún: «Intentar cobrarme la justicia por mi mano».

Salvo alguna, todas esas reacciones no van a solucionar el problema e, incluso, no son seguras ni recomendables.

¿Dónde están entonces las respuestas?

Aquí, en este libro, donde espero exponer muchas de ellas.

Y es que todos estamos expuestos al ciberdelito, porque ser víctima de cualquiera de sus modalidades no es una lotería que escoge a una persona entre miles, ya que hoy en día la dependencia de la tecnología y la incursión de los menores a edades más tempranas, sumadas a las argucias de mayor sofisticación de «los malos», hacen que, si no hemos sido víctimas ya de un delito, nosotros o nuestros hijos lo vayamos a ser muy pronto.

Por eso compagino mi labor policial con la concienciación y la divulgación, y por eso he escrito casi ciento cincuenta artículos divulgativos en pocos años sobre ciberseguridad y riesgos, una tarea que asumí por voluntad propia con el firme convencimiento de la importancia de la prevención en la red y el componente humano como principal fuente de vulnerabilidades. Porque, aunque sea un tópico ya muy común lo de que el ser humano es el eslabón más débil de la seguridad, el caso es que es totalmente cierto.

Nuestro gran problema, que yo creo que forma parte de nuestra naturaleza, es la tendencia a empezar a aprender «por el tejado» y obviar a menudo los pilares básicos de la formación. Es como si cuando alguien decide convertirse en experto matemático quiere comenzar por las complejas teorías en vez de sumergirse en las ecuaciones, las matrices y las fracciones.

En el tema que nos ocupa, por todo lo que he visto durante estos años, en un ochenta por ciento de las ocasiones los ciberdelitos (la gran mayoría fraudes y suplantaciones de identidad con fines maliciosos) tienen una causa común: una navegación negligente, arriesgada y desconocedora de los riesgos. Es decir, se podrían haber evitado si el usuario hubiera actuado correctamente, con un mínimo de conocimiento y precaución, porque la realidad es que solo en un pequeño porcentaje los criminales dirigen sus ataques a personas concretas —como es el caso de los depredadores y el acoso— y, por lo general, escogen y cazan sus víctimas al azar, buscando al más crédulo y confiado, y no pierden el tiempo con personas desconfiadas que hacen ciertas comprobaciones.

La principal fuente de riesgo es el uso que hacemos de los dispositivos informáticos o, dicho en otras palabras: sacrificamos nuestra seguridad en favor de la «usabilidad» con una ingenuidad rayana en el absurdo al confiar en que la tecnología y el uso de las aplicaciones nos harán la vida más fácil y cómoda, pero nos saltamos determinadas precauciones para configurar una navegación más segura que son tan sencillas como, por ejemplo, configurar un código de acceso a nuestro móvil, algo que mucha más gente de lo que parece se salta «por no tener que estar cada dos por tres metiendo el código».

Aproximadamente el ochenta por ciento de los incidentes que sufrimos en la red, casi siempre delictivos, son por culpa de la ignorancia. Nuestra falta de conocimiento, experiencia y adecuación al mundo virtual son, aunque no nos lo parezca, enormes. Que el cibercrimen sea el negocio más rentable para un delincuente, y que supere los ingresos procedentes del tráfico de drogas, hace el resto.

Y así, con estos ingredientes, se crea un escenario en el que nuestro grado de exposición al desmedido lucro del delincuente es inimaginable.

¿Y con qué nos encontramos los padres y madres? Pues con la realidad, una realidad en la que el comportamiento de nuestros hijos en la red está bajo nuestra exclusiva responsabilidad. Una realidad en la que no podemos exigirles a nuestros menores que sepan valerse por sí mismos en el mundo virtual cuando nadie les ha enseñado antes.

Nuestros hijos no aprenden en el colegio las normas de uso de la red ni sus peligros, ya que no se trata de una asignatura, no forma parte de la materia curricular y una charla al año sobre los riesgos siempre suma, pero no es suficiente.

Y en esta realidad lo que los niños no aprenden en clase lo buscan por su cuenta. Y los menores son esponjas que tienen entre sus manos un arma muy poderosa para descubrir un mundo: su cibermundo, un espacio muy peligroso si se sumergen en él por su cuenta y riesgo, sin ningún tipo de ayuda ni guía.

Nuestros hijos se enfrentan a un universo virtual desconocido y lleno de riesgos. Si nunca los dejaríamos solos en el mundo físico, tampoco debemos hacerlo en el virtual.

Cuarto reto. Los menores y su cibermundo, distinto al de un adulto

La llegada de los *millennials* o «generación Y» (jóvenes entre los veinte y los treinta y cuatro años) ha cambiado la imagen que se tiene de la realidad: hoy, y desde hace varios años, los jóvenes eligen como modelos a seguir a personas que han alcanzado la fama rápidamente. Internet y los medios están inundados de vídeos, noticias, programas e historias de gente que muestra situaciones idílicas y lo fácil que parece conseguir determinados objetivos en la vida, y para todo hay gurús, expertos y triunfadores que venden sus historias de éxito en la red.

Debido a todo esto, los *millennials* han adquirido gran parte de su experiencia a través de la pantalla, sin prestar mucha atención al esfuerzo que supone el día a día: formarte para ser el mejor, distinguirte del resto porque realmente eres bueno y no por la imagen ganadora que vendes en la red, entregar currículums puerta por puerta, conquistar al amor de tus sueños día tras día a través de detalles y pequeños momentos, pertenecer a una pandilla de amigos porque te has ganado su confianza con valores como la lealtad, el compromiso, el interés por tus iguales... ¿Dónde ha quedado todo esto?

Los jóvenes ya no lo necesitan con Internet. Tampoco muchos adultos. Hemos formado o reforzado nuestra autoestima a través de los «Me gusta» en Facebook y eliminado nuestras imperfecciones físicas con los filtros de Instagram. Ya nadie tiene acné juvenil, pecas, arrugas ni verrugas. Utilizamos la imagen como reclamo por encima de nuestros valores. Vendemos en la red lo que tenemos o nos gustaría tener en el mundo físico, una vida maravillosa y fantástica, y opinamos como si supiéramos de todo cuando en realidad muy pocos saben de mucho.

Pero... ¿qué ocurre cuando nos enfrentamos al mundo real, cuando hacemos frente a la crudeza del mundo físico y nos mostramos tal y como somos?

Entonces descubrimos que nuestra autoestima es más baja y, de vez en cuando, nos equivocamos. Y que las relaciones interpersonales son complejas y, si no se trabajan, como en todo, se pierden.

¿Qué hacer entonces? Volver al cobijo de nuestro móvil y a las redes sociales, donde nos rodeamos de personas, muchas de ellas anónimas, que refuerzan nuestras publicaciones con los «Me gusta» y compartimos opiniones con gente que piensa como nosotros, o nos adula y nos hace sentir importantes, una situación tan placentera que libera la misma sustancia que se genera cuando tomamos alcohol, tabaco o drogas: dopamina.

Y la dopamina, es sabido, genera dependencia. Estamos creando generaciones de tecnodependientes que usan el móvil y sus aplicaciones desde que se levantan hasta la hora de irse a dormir porque, así de claro, son adictos a este aparato. Tanto que lo primero que hacen al despertarse es comprobar cuántas conversaciones de WhatsApp tienen pendientes y las notificaciones que les han dejado las redes sociales durante las horas de sueño; tanto que, si se sienten solos, tristes o aburridos, abren una conversación de mensajería instantánea para preguntarle al colega qué tal le va y, si no reciben respuesta inmediata, piensan que no importan a esa persona o que pasa de ellos en vez de suponer que quizá no sea su mejor momento para responder o simplemente no le apetece; tanto que sus días tienen tres horas menos: las que emplean de media para consultar el móvil unas ciento diez veces y meterse en WhatsApp, Instagram, Facebook o YouTube.

Es por todo esto que trabajar en los riesgos derivados de la red con nuestros menores debe hacerse desde un plano integral con la detección, sensibilización, educación y trabajo en familia como elementos claves.

Y es que los elementos tecnológicos de Internet son solo una pequeña porción de conocimiento para afrontar y enfocar la presencia de nuestros hijos en la red, algo que exige un conocimiento trescientos sesenta grados y que debe afrontarse desde el plano técnico, pero también desde el plano emocional, el psicológico y el conductual.

Además, no siempre podemos recurrir a la policía, ya que a veces la intervención policial solo se centra en lo que es delito y lo que no, sin prestar atención al lado humano de la realidad que se genera, y no todo requiere una respuesta desde el punto de vista penal. De hecho, en muchas ocasiones solo es cuestión de atender, comprender y, si se puede, ayudar a la gente.

Muchas personas creen que, ante una amenaza o una consecuencia personal negativa generada por una conducta de riesgo, basta con ir a una comisaría e interponer una denuncia para encontrar la solución al problema. En muchos casos no es así. A lo mejor lo que necesitan es que alguien los escuche, los aconseje, les informe, los forme o les explique que la alternativa no es la denuncia, sino el diálogo, la tranquilidad o poder consultar los hechos con un experto.

La solución, por tanto, no siempre es la denuncia, y esta tampoco es garantía de que el problema se acabe.

Necesitamos herramientas y educación pasa saber cómo funcionan las redes y poder afrontar lo que ocurre cuando generan problemas.

Quinto reto. ¿Estamos preparados para el cibermundo y para enseñar a nuestros hijos a moverse en él?

¿Qué tal llevamos el argot de la red?:

«Trolear» (provocar).
«Esto tiene un snap» (referido a publicar en la red social Snapchat).
«El Face» (Facebook).
«El Insta»(Instagram).
«Un *fail*» (un fallo).
«ntr» («no te rayes»).
«Un MD» (un mensaje directo).
«Un was» (un WhatsApp).
«*Gamer*» (jugador).

Pero no todo es el argot de los jóvenes (y no tan jóvenes) para referirse a determinadas redes y expresiones derivadas de su uso, también hay un montón de términos anglosajones: *sexting, sextorsion, smishing, vishing, botnets, defacements, malware, spyware, clickjacking, hijacking, data leak, child grooming, bullying*... Todos ellos denominan las diferentes técnicas comunes utilizadas por los ciberdelincuentes, aunque según algunos estudios sobre padres y menores en la red solo entre un cinco y un veinte por ciento saben a qué se refieren exactamente. El resto de los encuestados afirma haberlos escuchado en alguna ocasión, pero, a la hora de demostrar su conocimiento, fallan.

«Que levante la mano quien haya sido víctima de un ciberdelito», pregunto en la sala en cualquiera de mis charlas. Y a mi pregunta casi siempre sigue un incómodo silencio porque entre el público algunos ni lo saben y otros experimentan la vergüenza de admitir que han sido estafados, acosados o atacados.

Pero, sea como sea, tanto si nunca hemos sufrido o vivido de cerca alguno de estos casos como si es la primera vez que oímos hablar de algunos ciberdelitos, lo cierto es que todos estamos expuestos a ellos y, por tanto, debemos empezar a trabajar ya si queremos protegernos y convertirnos en cibergarantes y protectores digitales de nuestros hijos. Después de habernos sumergido en el mundo de Internet y en cómo lo viven, el siguiente paso será aprender a identificar los riesgos y los peligros que pueden surgir en el día a día. Vamos allá.

Todos identificamos una agresión a un tercero, un cargo ilegítimo en una cuenta bancaria, la adicción a la comida, el sobrepeso o un dolor como situaciones de riesgo o de desequilibrios fácilmente identificables y que deberían ser corregidos, y podemos hacerlo porque lo que tienen en común es que son manifestaciones físicas y objetivas referidas a la educación que recibimos de niños.

Antes, los límites estaban claros: «Esto no se hace», «Algo anda mal», «Esto está prohibido por la ley». ¿Ahora tenemos claro, y así se lo hemos transmitido a nuestros hijos, que no se insulta o acosa por Internet? ¿Que no se puede engañar, apropiarse de dinero o un bien que no es suyo? o, simplemente, ¿saben nuestros hijos qué hacer ante una situación vivida en la red que les está provocando un sufrimiento?

En el Código Penal están recogidos los delitos. Hablemos de los siguientes tipos penales, otra vez en términos anglosajones: *ciberbullying, happyslapping, sexting* o *grooming.* ¿Entendemos algo? ¿Sabemos a qué se refieren? Sin embargo, si vamos a la definición de estafa en el Código Penal, tenemos lo siguiente:

> Cometen estafa los que, con ánimo de lucro, utilizaren engaño bastante para producir error en otro, induciéndolo a realizar un acto de disposición en perjuicio propio o ajeno.

Es normal desconocer estos términos jurídicos, pero todos sabemos que, si pagamos una cantidad de dinero o realizamos un servicio sin recibir el artículo o la contraprestación esperada, hemos sido estafados.

Ojalá todo fuera así de sencillo en la red. En ella, por desgracia, la manifestación objetiva de un comportamiento de riesgo no está tan clara, sobre todo en lo referente a las personas. En primer lugar, pensamos que cualquier hecho es posible. En segundo, despreciamos los riesgos y la importancia de las consecuencias que generan nuestros hechos, como si lo virtual fuera un juego. Y para nuestros hijos, más aún.

¿Por qué nos cuesta tanto identificar estas conductas ilícitas en la red?

Sencillamente, porque nadie nos ha enseñado antes y pensamos que Internet tiene otras reglas o funciona de otra manera. Y no es así. Es una realidad virtual, cierto, pero las posibilidades que ofrece, con sus límites, son exactamente las mismas que en un mundo físico y analógico, con la única diferencia de que el rol lo asume una identidad digital sin presencia física.

Si nuestro cerebro detecta una situación de riesgo en el mundo físico, tiende a evitarla porque, gracias a nuestra experiencia vital y a la percepción del peligro, hemos aprendido a detectar situaciones discordantes, y también porque nuestra sola presencia física aporta muchos indicadores sobre nuestro interlocutor, algunos inconscientes, que nos ayudan a anticipar o identificar posibles amenazas.

En el mundo virtual, sin embargo, la percepción cambia radicalmente y la falta de experiencia nos hace comportarnos de forma confiada. Además, carecemos de formación técnica para identificar fuentes de riesgo y, por otra parte, la no presencia física del interlocutor, que puede adoptar cualquier rol, se traduce en una falta de exposición que nos impide evaluar si su mensaje es confiable. Pero lo más grave es que, incluso si algo no nos cuadra, seguimos con la interacción y nuestro instinto de huida, inexplicablemente, falla.

El origen de todo esto es el puro desconocimiento y nuestra falta de experiencia.

Es por esto por lo que en estas páginas vamos a abordar el cibermundo de nuestros menores para aprender a identificar, detectar y comprender situaciones de riesgo lo antes posible, para entender cómo se originan y aprender a evitar sus indeseables y temidas consecuencias. Nos meteremos, así pues, en un cibermundo que es virtual, pero, ojo, tan real como nuestro mundo físico, porque hoy en día (y este es un matiz muy muy importante) el mundo real es también el mundo virtual, *online,* ya que, de hecho —salvo personas de avanzada edad o que viven en zonas apartadas o carentes de medios y recursos económicos—, el mundo virtual, la red, forma parte indisoluble de nuestra vida y es tan o más real que el mundo físico, y lo es hasta el punto de que dependemos tanto de él que es inconcebible a estas alturas no vivir interconectados, sin poder mandar un correo electrónico, comprar por Internet o enviar un WhatsApp.

¿Por qué nos empeñamos en querer vivir cada vez más interconectados y, sin embargo, seguimos en la inopia respecto a cómo funciona la red, qué riesgos conlleva y cómo podemos afrontar cualquier problema?

Las respuestas a todas estas cuestiones existen y, tras muchos años de experiencia, trabajo, labor de documentación y contacto con padres y menores —por desgracia, algunos de ellos víctimas de estos casos—, he conseguido desentrañar buena parte de ellas. Se trata, además, de respuestas y también propuestas que son adaptables y flexibles a cada hogar, porque, como algunos padres dicen: «Tú dime la teoría, que ya la pondré yo en práctica a mi manera».

Así que ¿a qué esperamos? ¡Manos a la obra!

Sexto reto.
Autoevaluémonos

Para empezar, nada como pasar a la práctica, y para ello nada mejor que afrontar un cuestionario sencillo que nos permitirá autoevaluar nuestro nivel de conocimiento y comprobar si estamos preparados para responder ante cualquier riesgo virtual que se presente. Se trata de una serie de situaciones comunes con algunas respuestas que he ido escuchando durante mi trayectoria como divulgadora. En las últimas páginas de este libro volveremos a hacer un somero repaso de este minicuestionario. ¡Seguro que entonces las respuestas estarán mucho más claras! ¿Comenzamos?

1. Al revisar los nuevos contactos de mi hijo en la red social Facebook, me doy cuenta de que algunos son mayores de edad y desconocidos. Mi hijo me confirma que no sabe de dónde han salido y que en ningún momento los ha agregado.
   a) No me creo la versión de mi hijo porque no confío en él.

b) Confío en su versión y compro un buen *software antimalware* en previsión de que el dispositivo esté infectado.

c) Decido hacer OSINT en Google para examinar quiénes son esos contactos.

d) ¿Qué narices es eso del OSINT?

2. Mi hijo me cuenta que recibe alertas en su correo electrónico o en sus cuentas en redes en las que lo avisan de intentos de acceso desde otros dispositivos que no son los habituales ni conocidos.

a) Sospecho que mi hijo se haya dado de alta en servicios que desconozco y no sabe lo que está ocurriendo.

b) Sospecho que le están intentando robar la sesión desde una cuenta, pero no sé cómo comprobar si ha sido robada o comprometida a algún servicio al que haya sido vinculada.

c) Conozco el factor cincuenta de protección solar, pero nada del segundo factor de autenticación en cuentas y perfiles.

d) Como es un delito, acudo a denunciar porque pueden estar tratando de robarle las cuentas.

3. Advierto cargos ilícitos en mis tarjetas de crédito con conceptos muy extraños, del tipo FB-0700021, por compras de bienes o servicios que desconozco.

a) Llamo al banco a toda prisa para cancelar compras que no he autorizado.

b) Averiguo qué concepto de cargo es el recibido y quién ha efectuado una compra con una de mis tarjetas.

c) Superviso el móvil de mi hijo para comprobar qué tipo de aplicaciones tiene instaladas y si algunas de ellas requieren o han sido vinculadas a algún tipo de suscripción o alta mediante cualquier tipo de servicio de pago.

d) Si mi hijo ha comprado una armadura de guerrero para un juego virtual, aprovecho su compra para continuar con la partida.

4. Recibo una carta de Hacienda en la que se me impone una sanción económica por no haber declarado unas ganancias provenientes de Slot Gaming Enterprise del ejercicio 2018, comunicada por la Dirección General de Ordenación del Juego.

a) Me pongo en contacto con mi gestor para averiguar el origen de esas supuestas ganancias. Pero ¿se declaran las ganancias producidas a través de una web de juego? ¿Cómo es posible que mi hijo ya tenga deudas siendo menor?

b) Pienso que me han estafado y acudo sin perder tiempo a denunciar. Pago con resignación. Al fin y al cabo, Hacienda somos todos.

c) Pregunto a mi hijo si ha participado en casas de apuestas o webs de juego. ¿Podría tener algún tipo de adicción?

d) Decido hacer algunas comprobaciones en Internet sobre Slot Gaming Enterprise. Pero me surge un dilema: ¿por dónde empiezo?

5. Recibo una carta del proveedor de servicios de Internet Vayaphone o un *e-mail* de una web de citas o de una página de contactos sexuales en los que me comunican que se ha realizado de forma satisfactoria el alta de los servicios contratados y que ya puedo operar. Pero yo no he realizado ninguna contratación.

a) Compruebo si he perdido la documentación de identidad y acudo a denunciar si es así.

b) Como no he contratado nada, me pongo en contacto con estos servicios para saber quién ha realizado el alta y cuándo. Se niegan a facilitarme esa información por protección de datos a pesar de que soy titular del mismo contrato. ¿Y ahora qué?

c) Acudo a denunciar para contar lo sucedido y no sé si tengo que llevar a cabo más pasos.

d) Lo dejo pasar; ha sido un error. Ninguno de mis hijos sabe realizar esos trámites. ¿De dónde habrán obtenido mis datos personales?

6. Mi hija me muestra un perfil en Facebook denominado «La fea que se ve guapa» en el que figuran varias fotos con su imagen personal, el colegio en el que estudia y su número de teléfono. Está muy agobiada y no sabe qué hacer.

a) Yo tampoco, por eso decido ir a denunciar lo antes posible. No obstante, si quiere ser *instagramer*, es el precio que debe pagar por la fama.

b) Contacto con la red social para reportar el perfil (¿qué es eso de reportar un perfil?) y, un día más tarde, cuando decido ir a denunciar, compruebo que Facebook ha retirado el perfil y no tengo forma de demostrar que había sido publicado.

c) Pregunto en el grupo de WhatsApp de padres del colegio para saber si alguien está informado de lo que está pasando.

d) Pregunto a mi hija si se ha peleado con alguien y la culpo de ello por estar «a todas horas con el móvil».

7. Uno de los padres de una compañera de mi hija me remite una foto de índole sexual por WhatsApp en la que, presumiblemente, aparece el cuerpo y el rostro de mi hija.

a) Es imposible que sea mi hija, nunca lo haría; y si lo hubiera hecho, me lo habría contado.

b) Le pregunto a esa madre quién se lo ha enviado y le pido que la borre y no la siga compartiendo.

c) Intento averiguar el origen de la foto y el autor de su difusión inicial.

d) Voy a denunciar, no sé por qué hechos, pero no debería haber fotos de mi hija menor circulando por la red.

8. Mi hijo muestra una actitud esquiva y extraña desde hace unos días. Por las mañanas no quiere ir al colegio, está excesivamente pendiente del móvil y no se comunica con nadie de la familia.

a) Lo dejo tranquilo, son cosas de niños, ya se le pasará.

b) Lo castigo sin móvil durante un tiempo para que no esté tan pendiente de las redes.

c) Hablo con otros padres y compañeros, por si han notado algún comportamiento extraño en el colegio.

d) No suelo estar pendiente de estas cosas de niños, con el trabajo y el cuidado del hogar ya tengo bastante, no me da la vida.

¡Tiempo!, se acabó el examen. ¿Crees que has aprobado? ¿O volverás a intentarlo tras leer este libro? Es normal sentir angustia al pensar que en cualquier momento te puedes ver afrontando alguna de estas situaciones. Y no tienes respuestas o no son las más adecuadas. Nos faltan herramientas.

Por eso, ¿qué mejor momento que ahora para sumergirnos en el ciberespacio en el que se mueven nuestros hijos? Nunca es tarde para asumir que en el mundo virtual navegamos indefensos y que nuestros hijos están más expuestos todavía. Es curioso observar cómo Internet nos dota de tantos recursos y de tan pocas alternativas e ideas para protegernos, ¿verdad?

Un interesante informe de la compañía de ciberseguridad Norton ofrece unas cifras indicativas del alarmante crecimiento del ciberdelito y los sentimientos de impotencia que sufren las víctimas de todo el mundo, y pone el foco en las acciones erróneas que realizan las personas para resolver y evitar este tipo de delincuencia. Su conclusión es que es necesaria una mejor información sobre la red.

Como dato revelador obtenido de usuarios de trece de los países más activos en la red, el sesenta y cinco por ciento de los adultos ha sido víctima de un ciberdelito. ¡Enhorabuena si piensas que nunca te va a tocar afrontar una de estas situaciones! Solo el tres por ciento cree que se va a librar.

Según este informe, se origina un fenómeno llamado «impotencia aprendida» que nos mueve a aceptar el delito porque no sabemos lo suficiente como para resolverlo. Es como cuando se nos estropea el coche y nos hacemos cargo de los facturones de los talleres. ¿O acaso sabemos cómo arreglar la junta de la trócola?

A partir de ahora, nuestro nuevo reto será formar parte de ese pequeño porcentaje de la población que entiende cómo funciona la red y es capaz de afrontar sus riesgos. Así podremos enseñar a nuestros hijos buenos hábitos de navegación mediante una convivencia saludable en el mundo virtual.

A veces me pregunto qué habría sido de mí si cuando era una chiquilla hubiera tenido acceso a la red tal como la conocemos actualmente. De pequeña tenía un insaciable afán por la lectura, como *Matilda,* la protagonista del maravilloso libro de Roald Dahl, que recorría largas distancias hasta llegar a la biblioteca para tomar prestados libros y libros que ahora nuestros hijos tienen a un golpe de clic, y recuerdo que pasaba horas y horas de trabajo en solitario tratando de resolver una ecuación matemática del cole cuando ahora existen cientos de tutoriales en YouTube que te lo explican. ¿Acaso no es Internet el desarrollo tecnológico más maravilloso de la historia? En mi opinión, lo es.

No privemos a nuestros hijos del avance que supone Internet por temor a lo desconocido. La red aúna gran cantidad de información útil y provechosa que nos hace evolucionar académica y personalmente. La privación no es una opción, pero sí conocer qué hay detrás de la maravillosa Internet.

¿Me acompañas?

Séptimo reto.
Padres e hijos en Internet

«Estamos comiendo, deja el móvil de una vez».
«La próxima vez que te vea con el móvil, te lo tiro por la ventana».
«Como vuelvas a hacer esto te quedas un mes sin móvil».
«No subas este tipo de fotos a Instagram».
«Deja el móvil que aquí no hay wifi».
«Todo el día con el ordenador en casa y no sale de la habitación».

Como padres, todos hemos pronunciado estas frases en mil ocasiones. Las palabras estrella en casa son «móvil» y «wifi», y el mundo del menor gira en torno al lugar donde puede encontrar un punto con conexión, cuál es la clave del *router* y comunicarse con sus iguales por WhatsApp.

Pero no se trata solo de adolescentes. Hace unos días, mi sobrino de once años llegó a casa de mis padres y lo primero que hizo fue meter la mano en mi bolso para coger el móvil, pero, como no sabía la contraseña de acceso, me pidió que accediera delante de él con la excusa de ver algo. Al rato, cuando estaba descuidada, volvió a remover el interior de mi bolso y cogió de nuevo mi móvil (no el de su padre, que ya lo conoce), pero se topó con un nuevo problema.

—¿Cuál es la clave del wifi? —me preguntó con disimulo.

—En casa de los abuelos no hay —le respondí.

—Sí que hay —me contestó—. El *router* está debajo de la tele y la clave está por detrás. Todos los *routers* tienen una clave, pero dime si es la misma o los abuelos la han cambiado —sentenció.

Se la dije. Si no lo hacía, mi sobrino utilizaría a su hermano pequeño para que se la dictara y, si su hermano no quisiera ayudarlo, sé que mi sobrino seguiría intentándolo, incansable, todas las veces que hiciera falta hasta conseguirlo.

Una vez conectado, dejó de existir en la casa, absorto en la pantalla, pero me miraba de reojo de vez en cuando por si lo vigilaba. Como sabe que no hago de mera espectadora, sin separar los ojos de la jugada, me dijo: «No te preocupes, que no voy a comprar nada con dinero de verdad».

Pero estaba claro que algo quería hacer, porque la configuración de mi terminal no está a su gusto ni tiene las *apps* de moda. Al cabo de un tiempo, cuando le pedí que me devolviera el móvil, comprobé que se había descargado de la tienda de *apps* el *Plants vs. Zombies*, el *Angry Birds* y el *Clash Royale*. Las notificaciones de las monedas conseguidas en los juegos y los zombis me salen ahora por todos los sitios y a todas horas.

Hace unos años, mi sobrino buscaba una alternativa de juego cuando llegaba a casa de los abuelos: la pelota, la bici o cualquier invento que se preparaba con lo que encontrara en la casa, un campamento, una nave nodriza hecha de fregonas..., ¡lo que fuera! Ahora busca la clave del *router* y se conecta con la tercera tableta (las dos anteriores tienen la pantalla partida en diez trozos) que le han comprado sus padres porque la necesita en el cole para hacer los deberes. Insisto, es la tercera que le compran, y ha pasado tres días sin ella como castigo por portarse mal.

Lo que para mí no deja de ser un tira y afloja dominguero en las labores ocasionales de tía es el pan de cada día de muchos padres que acaban desesperados.

Muchas son las dudas y cuestiones que nos asaltan sobre qué es lo mejor, y por eso de lo que se trata es de entender la tecnología y las redes sociales para decidir qué permitir y cuándo a nuestros hijos.

Porque, si hay un elemento vulnerable en la emisión y difusión de los contenidos, estos son los menores, ya sean hijos, sobrinos, nietos, alumnos o vecinos.

Y es que, si el ego nos impulsa a cruzar fronteras y a arriesgar nuestra propia vida, es fácil imaginar cómo influye la importancia de la imagen digital en los jóvenes: tienen tan interiorizada la cultura del *like* que ni se molestan en describir estados o sentimientos, simplemente los capturan en imágenes y los publican y, por si fuera poco, han normalizado la sobreexposición —lo que los adultos llamamos «postureo»—, porque cuanta más visibilidad tengan en las redes, más guais son.

Así de simple. Ya no se trata de mostrar lo que les parece más apropiado en cada momento —porque todavía lo desconocen—, sino solo de mostrarlo absolutamente todo porque eso les da poder y autoestima.

No está de más explicarles o recordarles que lo superficial tiene fecha de caducidad. Que también se llega muy lejos en la vida con valores como la constancia, el trabajo, la sinceridad y el respeto hacia los demás. Que tan guay es ser *youtuber* como médico, policía, maestro o cocinero. Y que todas las cosas buenas que te aporta elegir uno u otro camino pueden contribuir mucho a los demás.

Si no combatimos la superficialidad y no fomentamos desde el principio la motivación, el esfuerzo, la constancia, el respeto o la sinceridad, nuestros hijos serán como mandan las redes, y no olvidemos que lo que hacemos en las redes queda para siempre.

Octavo reto.
Quien evita la ocasión evita el peligro. Pero es mejor enseñar que prohibir

Vivimos creyendo que debemos evitar todo aquello que desconocemos por considerarlo arriesgado y peligroso, pero la solución no es evadir una situación a la que tarde o temprano se enfrentarán nuestros menores en el caso del uso de dispositivos informáticos y la conexión a la red, porque es tal la exposición a la tecnología en nuestro entorno que resulta imposible no toparnos con estos elementos tecnológicos.

Además, como se suele decir, «hecha la ley, hecha la trampa», por lo que, si decidimos no comprar un móvil a nuestro hijo, este se verá tentado por sus iguales y, si sus amigos ya disponen de uno, será cuestión de tiempo que su colega se lo preste sin ninguna supervisión ni control. Es decir: buscará la forma de hacerlo que desde casa se le prohíbe.

Pero, por otra parte, aunque creamos que no sucede, lo cierto es que sin darnos cuenta proveemos a los más pequeños de acceso a la red desde muy pronto: hoy un niño de tres años empieza a divertirse y centrar su atención en algo tan inocuo como un vídeo de los *CantaJuego, Pocoyó* o de *Peppa Pig* en YouTube... Y, sin darnos cuenta, ya estamos empezando a crear rutinas de juego a través de aplicaciones en la red desde edades muy tempranas. En esta dinámica, el niño consumirá canciones provenientes de una aplicación cuando llore, se aburra o los padres quieran procurarle una distracción rápida y socorrida desde su propio terminal y, de este modo, será cuestión de poco tiempo que busque él mismo el terminal instintivamente en casa o lo pida para navegar por su cuenta y disfrutar de sus vídeos favoritos. Después, a los nueve años, pedirá un móvil porque todos sus amigos del cole ya lo tienen, hablan por WhatsApp y él no quiere quedarse aislado. Al principio utilizará su móvil solamente en casa, pero el hecho es que seguimos reforzando su uso y dependencia, porque luego nos dirá que tiene miedo de ser marginado al ser el único sin móvil a diario, lo que le hace perderse los vídeos de sus *youtubers* favoritos... Y, poco a poco, su campo de exposición se expandirá tanto como su curiosidad y ya no podremos privarlo de esta forma de comunicación.

Con todo, no debemos pensar solo en los riesgos de las redes sociales o en el peligro de hablar con extraños. La red tiene muchos usos positivos más allá de los vídeos de YouTube donde los menores ven vídeos de sus ídolos favoritos, juegos o dibujos animados. También pueden usar sistemas de mensajería instantánea para estar en contacto con familiares, compañeros de clase, hacer deberes *online*... Aunque, ciertamente, todo esto dista mucho de darles barra libre para estar conectados a las dos de la mañana o inundar el Insta con fotos personales.

Ahora bien, si los propios términos y condiciones de las webs y aplicaciones prohíben los registros de menores de trece o catorce años y las normas actuales de protección de datos lo hacen hasta los catorce en España, ¿por qué les permitimos usar determinadas redes a edades más tempranas?

No es lícito culpar a las redes sociales de los contenidos que albergan. Dejando de lado el dilema moral y jurídico de si tienen o no responsabilidad, nuestra obligación es vigilar para que no accedan a estos contenidos antes de lo permitido y que, cuando lo hagan, sea con supervisión y control.

... Y un recordatorio y un consejo

El recordatorio: estad pendientes de lo que vuestros hijos publican

Aunque no todas las víctimas relacionadas con el oscuro juego de «la ballena azul» en Rusia tenían sus perfiles activos o hacían alusión a este reto, otras sí que dejaron comentarios y fotos que podrían hacer sospechar de un comportamiento extraño. Este tipo de hechos deben concienciarnos de lo expuestos que están nuestros menores ante cualquier información, porque no solo se trata de foros de suicidio: también se publican contenidos con violencia extrema, ejecuciones, pornografía o juego y blogs proanorexia y bulimia.

Toda la información que aparece en Internet o en las redes sociales puede resultar muy influyente, y debemos estar pendientes de lo que nuestros hijos publican ahí. Es muy posible que no tengan valor suficiente para hablar con la familia o contarnos a nosotros sus problemas, pero sí que los expresan a través de las redes sociales, donde se desahogan y comparten sus vivencias con quienes creen ser sus iguales. La comunicación ha cambiado, y hay que estar en estos medios.

Y el consejo: ¡manos a la obra!

«Lo importante es no dejar de hacerse preguntas».

Esto no lo digo yo, lo dejó escrito el gran Albert Einstein, y precisamente por eso, para no dejar de hacernos preguntas sobre nuestros hijos, su bienestar o su relación con las redes sociales, intentaremos a partir de ahora dar respuesta a cincuenta cuestiones, casi existenciales, que habrán pasado por la mente de muchos padres que se enfrentan a la dicotomía «menor-Internet» y a la santísima trinidad de «videojuegos-móvil-tableta». Espero, de corazón, que os sirvan de ayuda.

Cincuenta cosas que los padres deben saber

1. ¿A qué edad debo comprar un móvil a mi hijo?

Es la primera pregunta que nos hacemos: ¿cuál es la edad apropiada?

La respuesta es que no existe un criterio ni un consenso sobre ello. Expertos y profesionales ofrecen todo tipo de consejos y advertencias y proponen diversas edades: a los nueve años, a los trece años, a los quince...

Yo no soy psicóloga y me siento incapaz de determinar cuál es la época de desarrollo adecuada de un menor, por lo que no puedo decidir si debe o no tener un móvil entre sus manos, pero mi experiencia vital y todos los casos en los que he tenido que trabajar me hacen recomendar afrontar esta batalla desde otras perspectivas más sociológicas, prácticas y culturales, y no solo basándonos en la edad cronológica del menor y su desarrollo.

Lo cierto es que, si vemos cómo se suceden cada día decenas de denuncias de adultos que han sido engañados, estafados o acosados de distintas formas —algunas increíbles—, me atrevería a decir que nunca estamos preparados y, por lo tanto, es difícil discernir cuál es la diferencia entre los peligros que acechan a un niño de siete años o de diecisiete, porque son exactamente los mismos. Eso sí, no podemos controlar lo que viene de fuera, pero sí filtrarlo. La cuestión que debemos plantearnos entonces sería cuándo darle acceso al menor, de qué forma y a qué contenidos. Esto es lo que, de alguna forma, podemos controlar.

Llevado al mundo analógico, es como si tuviéramos que decidir a qué edad dejaríamos solos en la calle a nuestros hijos, y yo sé la respuesta: a ninguna, porque el problema no solo es la falta de experiencia e ingenuidad de un joven, que será la misma a los diez que a los once o a los doce años, sino de los comportamientos de otros y de los peligros que los acechan. Además, ¿para qué puede querer estar un niño solo en la calle? También sé la respuesta: para salir con sus amigos.

Con el móvil sucede lo mismo, nos lo van a pedir, ya sea por necesidad o por presión social («Pepito tiene uno y yo no»), pero llegará el momento en que lo haga porque, además, como ya hemos comentado, sin darnos cuenta nosotros mismos le hemos estado poniendo un móvil entre las manos desde muy pequeño para evitar que llorara, para entretenerlo o para que aprendiera a hablar, o los colores, o los números o las letras. Siempre hay un vídeo divertido en YouTube que mostrar al niño, que él mirará ensimismado. Como buen consumidor, sus exigencias irán creciendo y será cuestión de poco tiempo que la tableta, en el cole o en casa, sea su fiel compañera. Ahí empiezan las primeras restricciones.

Cuándo conectarnos a la red; tiempos y lugares restringidos; en casa, solo YouTube, deberes y de seis a ocho de la tarde porque, si tienes tareas, no necesitas conexión a Internet, o quizá solo para enviarlas. En un primer momento las enviaremos con ellos, pero luego lo harán solos, y solos elegirán sus propios vídeos y descubrirán lo entretenidos que son los juegos, y más tarde las conversaciones por WhatsApp, donde escribirán sin ningún tipo de restricción a menos que les enseñemos cómo utilizarlo. Ahí llegará el momento de poner límites y normas. La edad y los límites dependerán de cada menor, de su situación y del entorno. Así pues, no hay una edad concreta, hay un momento.

Según las estadísticas, el mayor punto de inflexión en los hogares se produce a los doce años, cuando se duplica la cantidad de menores que disponen ya de un móvil con respecto al año anterior. Por lo visto, esa es la edad en la que un mayor porcentaje de padres deciden en España que sus hijos deben hacer uso de un *smartphone*.

Por tanto, ¿podemos proveerle de un móvil a los diez años? No solo se puede, sino que, de hecho, según el Instituto Nacional de Estadística, lo hacen un veintiséis por ciento de las familias. Lo que hay que limitar es su uso y el acceso a aplicaciones y contenidos que seguirán estando ahí, disponibles, tanto con nueve, como con diez, catorce o dieciocho años, pero somos nosotros, solo nosotros, los que debemos decidir, limitar y supervisar.

2. ¿Control o supervisión?

Sabemos que la presencia del menor en las redes se da desde edades muy tempranas. «Control» y «supervisión» son palabras semejantes que difieren en una cuestión cualitativa que los hijos perciben según cómo se ejerza: la confianza. No es lo mismo fiscalizar cada uno de sus pasos que estar al tanto de ellos.

Como padres y responsables de nuestros hijos, tenemos que ejercer la educación, supervisión y vigilancia constante de lo que hacen, lo que incluye su mundo virtual. La cuestión que nos planteamos es: ¿cómo?

De un buen criterio a la hora de llevar a cabo esta supervisión dependerá que los menores sepan que gozan de la confianza de sus padres y se sientan libres aun sabiendo que hay unas normas y unos límites en el empleo de la tecnología o, por el contrario, si el control es férreo y restrictivo, que lo perciban como algo negativo y nos oculten parte de su actividad. Saben cómo hacerlo. La tecnología permite un uso amplio y existen decenas de formas de ocultar la actividad en la Red. Es cuestión de tiempo que encuentren la forma de hacerlo.

De crear un clima de confianza dependerá que un padre pueda coger el móvil de su hijo y realizar esporádicamente un visionado de conversaciones, contactos o las aplicaciones que ha descargado sin que los hijos lo interpreten como una invasión de su privacidad o escondan el móvil y cambien las claves de acceso.

Si llegamos a este segundo extremo, debemos ser conscientes de que hemos fallado en algún momento y perdido su confianza, y a partir de ahí solo hay dos alternativas: permitirle su uso sin ningún tipo de restricción o control, con los riesgos que ello conlleva, o retirarle el móvil porque nosotros se lo hemos comprado, algo que tomará como un castigo porque «no ha hecho nada malo», lo que no impedirá que busque la forma de seguir conectado a través de sus iguales.

Tenemos, por tanto, que ser capaces de generar una relación cordial que nos permita una «supervisión controlada». Hay que transmitirle que nuestro objetivo es identificar posibles actividades de riesgo que no conoce y no invadir su intimidad.

Pero, ojo, tampoco se trata de que nos «hagamos sus colegas» o de someterlos a una vigilancia subrepticia, sino de fomentar un clima de confianza para que nuestros hijos sientan la tranquilidad de que pueden acudir a nosotros al menor problema sin temor a ser juzgados ni ignorados por aquello de que «las redes son cosas de niños y sin importancia».

3. ¿Cuál sería el punto de partida para navegar por la red?

Hay un dicho en seguridad informática y es que la seguridad cien por cien no existe. Hay elementos inseguros que no controlamos, ya sea provenientes de elementos de *hardware* (los dispositivos físicos que utilizamos, como el móvil, la tableta, etcétera) o de *software* (programas informáticos, aplicaciones y sistemas). La gran mayoría de los ataques e incidentes en seguridad provienen de vulnerabilidades en el componente humano, lo que se denomina ingeniería social. Básicamente, se trata de buscar debilidades humanas para engañarnos.

La falta de experiencia y la ingenuidad exponen aún más a nuestros hijos y los sitúan en una posición de mayor indefensión, así que el hecho de enseñarles unas pautas para navegar de forma más segura disminuye en gran medida los riesgos. No obstante, seguir estas pautas no los hace inexpugnables ni inmunes a cualquier tipo de ciberataque externo y siempre hay que supervisar su navegación.

Se trata de adoptar unas medidas de seguridad muy básicas sin tener que llegar a extremos técnicos complejos, herramientas sofisticadas de control o elementos de programación. Es más que nada cuestión de aplicar el sentido común siguiendo unas pautas con sensatez. Vamos con diez reglas de oro muy útiles para que nuestros menores comiencen a navegar por Internet por ellos mismos:

1.ª En la red pueden toparse con cualquier contenido y persona. Han de ser cuidadosos con lo que ven y leen porque pueden ser contenidos falsos. Las webs se lucran a través de la publicidad, de modo que, dependiendo de qué tipo de páginas se abran, nuestros hijos pueden toparse con anuncios engañosos que no existen, perfiles falsos y publicaciones inciertas. ¿Cómo ayudarlos a distinguirlas? Es difícil, incluso para un adulto, hacer determinadas comprobaciones técnicas para discernir entre lo que es real y lo ilegítimo, salvo que tengamos cierta experiencia y conocimientos, pero sí que podemos advertirlos de que las gangas no existen y que deben desconfiar e ignorar cualquier anuncio o publicidad que les parezca muy bueno o ventajoso.

2.ª Hay cibervillanos que buscan aprovecharse de las personas y que albergan malas intenciones, ya sea porque quieren obtener algo a cambio o porque, simplemente, se sienten mejor mintiendo a los demás. En la red es muy fácil camuflarse entre los buenos y no todo el mundo es quien dice ser. Por eso, si nos contactan de forma inesperada, no debemos interactuar a menos que conozcamos al otro personalmente y tengamos garantías de que se trata de esa persona. En cuanto a nosotros, como padres, debemos estar pendientes de permitirles una red de contactos restringida a su círculo conocido y comprobar esporádicamente a quiénes han añadido como amigos o con quién chatean con frecuencia.

3.ª Debemos instalar sistemas *antimalware* (conocidos como «antivirus») y mantenerlos actualizados. No conviene escatimar en instalar sistemas de protección, son un buen parapeto para la actividad malintencionada que se ejecuta en segundo plano y nos mantienen seguros. Las versiones gratuitas, en cambio, solo protegen de determinadas muestras maliciosas y hay actividad ilegítima que podrían no detectar, por lo que convendría evitarlas.

4.ª Debemos ser especialmente cuidadosos con nuestra privacidad, y con nuestros menores tenemos que ser aún más celosos. Sus perfiles en redes sociales deben estar configurados con los máximos filtros de privacidad para evitar que desconocidos o curiosos puedan acceder a sus fotos o hacerse pasar por sus amigos.

5.ª Seleccionaremos las aplicaciones adecuadas para el uso de nuestros hijos en función de su edad e intereses. Los términos y condiciones son tediosos y aburridos, pero nos dan mucha información sobre los límites de edad, contenidos autorizados y líneas rojas de uso. Hay otras herramientas especialmente diseñadas para menores de las que ya hablaremos: ¿conoces YouTube Kids?

6.ª Debemos establecer medidas de seguridad básicas, como los filtros parentales o dispositivos adaptados para menores, para evitar el acceso a páginas o contenido inapropiado.

7.ª No debemos permitir que nuestros hijos establezcan contacto con desconocidos en los chats de videojuegos. Es el medio preferido de los ciberdepredadores. Preguntémosles de vez en cuando con quién juegan.

8.ª Procuraremos mantener una política de contraseñas seguras y para ello debemos evitar que sean nuestros hijos los que seleccionen y administren las claves. Tenderán a la comodidad (como hacemos los adultos) y establecerán accesos inseguros y contraseñas conocidas o cortas, fáciles de *crackear* (romper) por un delincuente.

9.ª Nuestros hijos no deben utilizar dispositivos desconocidos o de otras personas. Nunca sabemos qué configuraciones de privacidad tienen ni su nivel de seguridad. A lo mejor no se ha establecido ningún tipo de filtro.

10.ª Aunque implique un ejercicio de paciencia, también debemos informarlos de que no deben conectarse a redes wifi desconocidas, sino solo a las de confianza que tengamos identificadas.

Como resultado de aplicar estos ciberconsejos para navegar seguros, nuestros hijos, finalmente, deberán mantenernos informados en cuanto identifiquen posibles conductas de riesgo.

Y recordad: si no sabéis cómo empezar a aplicar alguno de estos consejos, siempre podemos buscar en Google cualquier duda empezando por «¿Cómo...» y, después, seleccionar la información que más credibilidad nos sugiera.

4. ¿Es prudente publicar información de mis hijos en la red?

«Repartir fotos de nuestros hijos en la puerta de un centro comercial». Comienzo con esta frase que define perfectamente lo que hacemos los padres al publicar alegremente fotos de nuestros hijos en Internet. Porque, si el hecho de imaginarnos esta situación nos parece un absurdo, entonces ¿a quién le pueden interesar nuestras imágenes personales? ¿Por qué van a suscitar mayor provecho si están publicadas abiertamente en Internet?

No es una cuestión de opiniones personales o de iniciar un debate sobre si se está o no a favor de esta conducta, sino que la Ley Orgánica 1/96 de Protección Jurídica del Menor es tajante al afirmar que los menores tienen derecho a la intimidad personal y familiar, a la inviolabilidad de la correspondencia y al secreto de las comunicaciones. En esta misma norma debemos recordar que los derechos de los menores también protegen su honor y la propia imagen.

Dentro de un uso consensuado en casa sobre las normas de conexión a Internet y un posible pacto entre padres e hijos, se podrían añadir cláusulas para gestionar el uso de la imagen del menor en Internet que reflejaran las diversas situaciones que pueden generar y, sobre todo, incluyeran las posibles consecuencias de un mal uso, no solo por parte de los menores, sino incluso de los propios padres.

Porque, desengañémonos, existen hábitos en algunos padres que empiezan a ser preocupantes, hasta el punto de que algunos comportamientos que se están viendo en Internet comienzan a resucitar viejas normas y delitos.

Y es que todos queremos presumir de lo guapos que son nuestros niños, pero utilizar sus fotos para ponerlas de perfil en la aplicación de WhatsApp o en redes sociales como Instagram o Facebook, donde se llega al punto de publicar auténticos álbumes, es a todas luces un peligro, además de una invasión de su intimidad.

Reflexiona un momento: ¿te has parado a pensar qué será de nuestros hijos cuando cumplan la mayoría de edad y ocupen cargos, por ejemplo, de dirección, y circulen fotos suyas por la red en pañales, desnudos o disfrazados de payaso?

Está claro que situaciones como esta pueden generar sentimientos de humillación o hacerles pasar por episodios de acoso durante su infancia o juventud. Da igual que las borremos. Una vez publicadas, se difunden, comparten y descargan sin control.

Además, y no quiero ponerme truculenta, son carnaza para los depredadores sexuales, que utilizan fotos públicas de menores como reclamo para atraer a otras víctimas o como intercambio con otros consumidores de pornografía infantil.

Así las cosas, lo mínimo es evitar que las imágenes de nuestros hijos circulen libremente por Internet porque, por otra parte, siempre quedan opciones para presumir de hijos guapos, como configurar las opciones de privacidad del perfil para que solo pueda ser visto por quienes tú permitas, aunque ello no impida que alguien de nuestros contactos descargue la foto o realice una captura.

Y no olvidemos que no basta con controlar las fotos de nuestros niños, también debemos tener mucho cuidado con exponer la imagen de otros menores que aparezcan en la imagen o en un vídeo y que no estén bajo nuestra custodia, así que ojo con compartir alegremente las fotos del último cumple en el parque de bolas.

¿Qué puede pasar si no se respetan estos derechos?

No es cosa de broma. A instancia del Ministerio Fiscal, o una vez que nuestros hijos cumplan la mayoría de edad, podemos vernos como esos padres austríacos que hace tres años fueron denunciados por su hija. Uno de sus entretenimientos fue publicar en Facebook más de quinientas fotos en las que incluso aparecía desnuda.

Y es que el asunto está adquiriendo tal matiz que se empiezan a escuchar propuestas como la posibilidad de negociar en los convenios reguladores de divorcio medidas sobre los hijos entre las que se incluya la prohibición de exhibirlos en redes sociales. En todo caso, lo que está claro es que, cuando se redactó hace casi treinta años la Ley Orgánica de Protección Jurídica del Menor, ni el legislador (ni nadie) podía imaginar lo que se nos venía encima con las redes sociales. Mientras se actualiza, se hace necesario buscar soluciones consensuadas basadas en el sentido común para evitar que nuestros niños sean, al final, los mayores damnificados con este tipo de actuaciones.

5. ¿Firmamos un contrato?

Una vez que hemos dado el paso de permitir a nuestros hijos vivir en el mundo hiperconectado, y tras establecer unas pautas de navegación segura para evitar los riesgos más comunes, se hace necesario instaurar unas normas de uso. Porque lo que hace pocos años parecía una insensatez ahora es una forma práctica y divertida de establecer determinadas líneas rojas con nuestros hijos en el uso de Internet.

Es positivo establecer fórmulas como pactos, acuerdos o contratos entre hijos menores y padres, y para ello debemos revisar juntos cada una de las cláusulas, sin descartar la negociación si fuera necesario. Sí, he dicho negociación.

Además, en caso de incumplimiento podemos incluir algún tipo de punición o solución, preferiblemente doméstica y consensuada.

¿Cómo es posible que hayamos llegado al extremo de la negociación?

No debemos escandalizarnos. Si lo pensamos bien, no es tan raro, ¿o acaso los pactos entre padres e hijos no han estado siempre presentes en las casas, aunque fuera de forma tácita?: horas de regreso a casa, paga semanal, tiempo para hacer los deberes, para jugar... El uso de la red implica muchas connotaciones, así que, para evitar malentendidos y olvidos, conviene tener unas líneas escritas.

Por la red circulan varios contratos que son moldeables a las necesidades de cada familia. Lo deseable sería adoptar fórmulas desenfadadas, más divertidas, y confeccionar el contrato en un lenguaje comprensible, sencillo y cercano al menor.

Eso sí, no debemos olvidar que toda negociación no está exenta de polémica y que, probablemente, algunas de las cláusulas no sean del agrado de nuestros hijos, que, aun con el consenso, no deben olvidar que el dispositivo informático al que acceden ha sido provisto por sus padres y, en el momento en que haya un incumplimiento, existe el derecho a privarlos de esa herramienta.

A modo de ejemplo, os propongo un contrato confeccionado por la Policía Nacional publicado en sus cuentas en redes que va genial para comenzar:

Acuerdo padres – hijos por @Policia

<u>entre</u> _____ <u>y sus padres por un buen uso del móvil, Tablet y ordenador</u>

Esta es una propuesta del Grupo de Redes Sociales de la Policía Nacional para que padres de hijos menores de 13 años fijen con ellos por escrito unas normas de buen (seguro, privado, respetuoso) uso de su móvil, *tablet*, ordenador o dispositivo conectado a Internet, a pactar entre todos cuando se vaya a comprar o estrenar un nuevo gadget para el chico/a. ESTAS NORMAS, PACTADAS DE COMÚN ACUERDO, SE RELAJARÁN O CANCELARÁN CON MAYOR EDAD.

1. Los padres y el menor harán la compra conjuntamente, de forma racional, evitarán ser víctimas del fraude ni comprar posible material robado. Guardarán la garantía, factura del móvil o aparato electrónico a comprar y cualquier dato de interés (como el PUK o IMEI), así como los accesorios que incluya, por si luego hicieran falta.

2. _____ empezará a usar el nuevo terminal con alguno de los padres y lo configurarán conjuntamente, además de hacer la instalación de apps y/o programas o juegos, tratando de tener las que se vayan a usar o pueden ser útiles, no más. Ambas partes conocerán qué utilidades y riesgos tienen cada una, para así evitar sorpresas.

3. Si el nuevo propietario del gadget es aún pequeño, se instalarán filtros parentales, de común acuerdo. En cualquier caso, instalará antivirus... y siempre se tendrá cuidado al abrir links extraños o instalar programas o archivos de fuentes no fiables, para evitar que le cuelen malware. Padres y el nuevo usuario instalarán apps rastreadoras de móvil y Tablet y que permitan gestionar y recuperar su contenido en caso de extravío; parches, tiritas o mero celo para tapar la webcam y así prevenir el uso ajeno de la webcam en ordenadores y portátiles...

4. _____ se compromete ante sus padres desde un principio a usar el móvil cumpliendo siempre las normas legales y las normas del centro escolar (si lo permite), así como de cualquier otro recinto o entidad que las marque en su tiempo libre.

5. El nuevo usuario se compromete a también a cumplir desde el principio unas normas de uso responsable, inteligente y respetuoso/educado hacia los demás en casa. El nuevo usuario demostrará que es lo suficientemente mayor como para respetar el horario, espacios y momentos en los que se puede utilizar el nuevo aparato (posible acceso a él en la mesa o no, ruidos en espacios comunes, distracción con él en ocasiones especiales escolares o familiares, normas de educación y saber estar...).

6. El nuevo usuario asume que, hasta que no sea un poco más mayor, sus padres o mayores de confianza conocerán siempre los códigos de acceso y contraseñas de su nuevo gadget y de mail, páginas, juegos, fotos y vídeos, apps... para su posible supervisión en seguridad, privacidad e imagen adecuada y respetuosa del contenido y acciones que este realiza. Además, el nuevo usuario de gadgets y ordenadores los utilizará en espacios comunes o fácilmente accesibles a los adultos.

7. Los padres se comprometen a no leer o supervisar más que la estricta comprobación, respetar la intimidad del nuevo usuario con sus amigos REALES y entender que tiene su propio espacio para hablar de sus temas con sus contactos, siempre que se respeten las normas y a los demás.

8. El nuevo usuario y sus padres entenderán que este acompañamiento y control inicial se irá relajando según este vaya creciendo y mostrando su responsabilidad y prudencia en el buen uso de la tecnología e Internet. A cada edad le corresponde una seguridad

9. Las redes sociales (Facebook, Twitter, Instagram...), como otras plataformas online, tienen marcadas una edad mínima (13 o 14) por algo: o esperas a tenerla... o deberías compartir ese perfil con alguno de tus padres...

10. En sus relaciones online (redes sociales, webs, foros, juegos en Red...), el nuevo usuario no agregarás a nadie que no conozcas en tu vida real... Desconfiará de todo lo que le cuenten y evitará facilitar datos personales a cualquiera.

11. En caso de tener problemas, dudas o ser acosado por cualquiera a través de Internet, el usuario se lo dirá a sus padres, para buscar una solución a la situación. Si fuera en el ámbito escolar, se hablará con los responsables docentes. Y si fuera una situación grave, los padres podrán consultarlo o denunciarlo ante la Policía.

12. El nuevo usuario del móvil se compromete a no tomar ni compartir ninguna foto íntima o que a sus familiares no le fuera a parecer apropiada... En caso de que le llegue alguna ofensiva o dañina para alguien, la borrará y exigirá que no se reenvíe.

13. El nuevo usuario dejará por las noches cargando el móvil, tablet y demás aparatos en una zona común de la casa y no se los llevará a la cama.

14. El nuevo usuario se compromete a no utilizar Internet o móvil para acosar, humillar, ofender o molestar a ningún compañero de clase, vecino o conocido. Y no será cómplice de esas acciones de ciberacoso, ni por reenviar ni con su silencio: pedirá a sus contactos ese mismo respeto para todos.

15. El nuevo usuario evitará compartir material ofensivo, contra la intimidad o inapropiado en los grupos de whatsapp: si es mayor para usarlo, también para respetar a la gente.

16. El nuevo usuario conocerá cómo funciona, qué riesgos y qué condiciones de uso tiene cada app, juego, programa y posibles costes añadidos, para evitar sorpresas"

17. El nuevo usuario ha leído detenidamente este manual de uso/acuerdo con los padres y entiende todas las responsabilidades que conlleva, no solo las ventajas. Al firmarlo, las asume y se compromete a cumplirlas.

18. El nuevo usuario atenderá SIEMPRE las llamadas de sus padres para saber que está bien.

19. El nuevo usuario será el que domine la tecnología Y NO AL REVÉS: evitará adicciones y la conexión permanente o adictiva a un chat, foro, juego... ¡Conéctate a la vida real!

20. La utilidad, respeto y uso inteligente, legal, responsable, seguro, privado y racional de la tecnología priorizarán cualquier decisión respecto al nuevo gadget ¡DISFRÚTALO!

Firmado:

El padre, la madre o ambos   El/la nuevo/a usuario/a

Acuerdo entre padres e hijos sobre el uso de dispotivos móviles.
Fuente: Policía Nacional. @policia

6. ¿Qué se van a encontrar en la red mis hijos?

Una vez que nos conectamos a Internet, cualquier contenido es accesible sin ningún tipo de restricción. Da igual la ubicación del usuario o el país de donde procede el contenido, nuestros hijos podrán acceder sin limitaciones a cualquier web, aplicación o servicio siempre que sea público.

Una pregunta muy común es: ¿es necesario conocer la existencia de determinados contenidos para que nuestros hijos los encuentren?

La respuesta es no. La web de inicio por excelencia es el famoso buscador Google y, gracias a él, haremos el siguiente experimento: nos situaremos sobre la barra del buscador y escribiremos como primer criterio de búsqueda «Cómo».

Por defecto, Google nos ofrecerá criterios de búsqueda recomendados, bien por la frecuencia en que son requeridos o por el número de referencias que existen con esa frase y, si bien nuestras búsquedas previas pueden condicionar los resultados, seguro que nos llevamos sorpresas, algunas con cierta gracia; otras, no tanto.

Pues bien, nuestros hijos, igual que cualquier adulto, tienen la herramienta «Buscar» en cualquier foro, red social o aplicación que se precie, y saben que a través del buscador podrán encontrar lo que quieran solo con teclear las palabras clave. Pero, al introducir el nombre de su cantante, *youtuber* o *gamer* favorito, o el famoso «Cómo» en sus ansias infinitas por saber, Google les ofrecerá como primeras referencias, además de todo un mundo de resultados, a los mejores pagadores en publicidad, empezando por webs de juego *online*, noticias y publicaciones morbosas y todo aquello que atraiga al público.

No debemos creer que la red se autorregula por sí sola en una especie de código ético o conciencia moral, ni tampoco que los propios contenidos ilegítimos, nocivos o tóxicos son retirados de forma automática por el simple hecho de serlo. La red, en sí, es un negocio, y cualquiera de los que navegan por ella es a su vez una posible fuente de ingresos directos o indirectos. Desde el punto de vista del cibervillano, víctimas a las que cazar, ya sean menores o mayores de edad.

Durante mis inicios como ciberinvestigadora recuerdo que recibíamos (y se siguen recibiendo) mensajes en las cuentas genéricas de la policía de usuarios asustados por haber identificado y accedido «sin problemas», sin ningún tipo de restricción, a webs de contenido nocivo. «¿Cómo es posible que un menor ubicado en España pueda acceder a contenidos de extrema violencia o de exaltación de los trastornos alimentarios cuyos titulares o administradores están ubicados en otros países?», nos preguntaban.

Lo cierto es que determinados contenidos, aun siendo nocivos, entran dentro de los límites legales, con independencia de su moralidad, y para que las autoridades de control puedan establecer restricciones de acceso debe haber una petición legal de una autoridad judicial convenientemente motivada, lo que es posible en muy contadas ocasiones y tras un proceso largo y dificultoso de retirada.

Por motivos técnicos, jurídicos y por la propia idiosincrasia de la red, es imposible poner coto y acabar con cualquier tipo de contenidos o esperar que dejen de existir. En cuanto se elimina —si es que se consigue— una web o foro, aparece otro en su lugar. Y en muchos casos, por moralmente reprochables que nos parezcan, están dentro de la libertad de expresión; quizá no en España, pero sí en otros países donde las líneas éticas son más flexibles o, simplemente, no existen.

Por último, no debemos olvidar que la red es un mundo hiperconectado en el que cualquiera puede tener su espacio virtual. En el mundo físico no es fácil pasar desapercibido, sobre todo cuando determinados mensajes o actitudes no concuerdan con lo que perciben nuestros sentidos, lo que los hace resultar sospechosos. Pero en Internet el anonimato y la no existencia de una identidad digital única, comprobada y contrastable, nos permite crearnos múltiples identidades.

Los menores son muy sugestionables, magnifican sus vivencias, se sienten más atraídos por nuevas experiencias y el morbo que un adulto. Para ellos, la red es un gran mundo por explorar y, en muchos casos, es una vía de escape para compartir sentimientos y problemas, lo que los hace estar más expuestos y ser carne de manipuladores, cazadores y miserables. Tampoco disponen de recursos para la resolución de problemas, de modo que cualquier amenaza o coacción se vuelve un mundo para ellos y se aíslan en vez de buscar ayuda y apoyo en sus más allegados.

7. ¿Qué aplicaciones debemos seleccionar?

Dos son los aspectos principales a tener en cuenta:

- Los contenidos a los que queremos acceder o que nuestros hijos buscan encontrar.
- La edad recomendada para su acceso.

Los padres pueden ofrecer a sus hijos aplicaciones con contenidos de interés para menores, como, por ejemplo, vídeos de entretenimiento en la aplicación YouTube. En cada una de estas aplicaciones las condiciones legales de uso que están obligadas a recoger incluyen el tipo de contenidos que albergan, la edad mínima necesaria para el acceso y los límites ético-legales de la aplicación.

No solo sería recomendable, sino necesario, leer con detenimiento las cláusulas de estos términos legales para conocer las condiciones del servicio que determinan la relación usuario-red social, así como las marcas, productos y servicios vinculados a estas y cómo pueden afectar a nuestros hijos. Porque acceder a sus servicios conlleva aceptar sus cláusulas, ya que pulsar el botón «Aceptar» implica nuestra conformidad con un contrato mercantil, y aunque inicialmente no haya una contraprestación económica, no significa que no sea un documento vinculante.

No leer estas cláusulas a veces puede complicar nuestra existencia en la red, como les ocurrió a los clientes de la tienda de videojuegos GameStation, que, para determinar hasta qué punto nos condicionan determinadas cláusulas sin saber lo que aceptamos ni qué servicios consumimos, efectuó un curioso experimento sociológico e incluyó en sus términos y condiciones una cláusula legal que rezaba:

Al enviar una orden de compra por la web el primer día del cuarto mes del año 2010, *anno Domini,* estás de acuerdo en concedernos la opción no transferible de reclamar, por ahora y para siempre, tu alma inmortal. Si deseamos ejercer esta opción, permitirás rendir tu alma inmortal y cualquier reclamación que puedas tener sobre ella en un plazo de cinco días laborales tras recibir la notificación escrita de GameStation o de uno de sus secuaces debidamente autorizados.

Pues bien, siete mil quinientos usuarios vendieron su alma sin saberlo no al diablo, sino a GameStation, y como este hay más ejemplos curiosos —o preocupantes— que ponen de manifiesto que los usuarios no leen las condiciones de uso.

Algo similar, aunque no tan gracioso, ha ocurrido recientemente con el *boom* del Faceapp Challenge, la aplicación que simula tu rostro con el paso de tiempo. ¿Quién no siente la tentación de ver cómo sería su imagen tras el inexpugnable paso de los años? Como resultado de este «experimento sociológico», los administradores de esta herramienta se han hecho de forma gratuita con los derechos de uso y comercialización a terceros de millones de rostros que se deleitaron con la magia de su «algoritmo desfigurador».

Nosotros no queremos que nos ocurra lo mismo, y menos a nuestros hijos, porque, si ya es difícil para un adulto entender las consecuencias jurídicas de estas cláusulas, no podemos ni imaginar lo que suponen para un menor de edad. Es por ello que, brevemente, vamos a analizar las implicaciones que conlleva en su caso aceptar las normas de uso de una red social, sobre todo si no alcanzan la mayoría de edad legal exigida para prestar su consentimiento.

En relación con el consentimiento otorgado por menores, en España la edad a la que puede prestar su consentimiento un menor para transferir datos de carácter personal y aceptar, por ejemplo, unas condiciones de uso de un servicio en Internet está en catorce años, aunque el recién estrenado Reglamento Europeo de Protección de Datos lo amplía a una franja de entre trece y dieciséis años a criterio del propio país.

En todo caso, si un menor de trece años acepta facilitar datos personales sin el consentimiento de sus padres, tutores o representantes legales, esto no es válido. Además, el nuevo reglamento impone a las redes sociales la responsabilidad de realizar las indagaciones oportunas para establecer la edad real del usuario que pretende acceder a sus servicios. Si detectan que un usuario no posee la edad legal permitida, se reservan el derecho de revocar dicho consentimiento y suspender, cancelar o expulsar la cuenta.

Pero ¿cuántos menores incumplen las cláusulas de la edad mínima exigida?

Si nuestros hijos tienen menos de trece o catorce años y no hemos otorgado nuestro consentimiento, debemos saber que, al registrarse en una red social, están incumpliendo las normas. Y también que, de hecho, hoy ninguna red social o aplicación realiza verificaciones de identidad, por lo que, como padres, nuestro deber es conocer las edades a las que estos servicios virtuales permiten el acceso.

Pero los requisitos relativos a la edad no son los únicos: cualquiera de nosotros que haya estudiado el proceso de registro en alguna aplicación ha logrado crearse un usuario falseando la edad sin ningún tipo de restricción ni control, y eso se debe a que los requisitos de «verificación de identidad» que proponen para que un menor acceda a sus contenidos se resumen en marcar una casilla con la fecha de nacimiento, sin mayores exigencias. Y es que, si una red social que pretende vivir de la información personal que le aportamos no facilita el proceso de registro y exige excesivas comprobaciones de identidad, mal futuro le espera...

Así las cosas, incluso si suponemos que las redes sociales están dispuestas a realizar comprobaciones de identidad, estas solo podrían llevarse a cabo con los usuarios del país en el que operan debido a las implicaciones jurídicas y de seguridad en las transferencias de datos personales entre países.

En conclusión, como estamos viendo, en la práctica es imposible pretender que sea la red social la que establezca unos estrictos controles de verificación de edad.

Lo que sin embargo es más factible que lo anterior, y también muy positivo, es que, tal como piden los denunciantes, los proveedores de servicio dirijan también sus esfuerzos y sean muy cautelosos a la hora de establecer restricciones de acceso o mecanismos de control parental para ciertos contenidos.

Por ejemplo, hace tres años los padres de un menor interpusieron una denuncia en California contra la plataforma interactiva de Snapchat Discover. El motivo era la exposición de menores sin ningún tipo de restricción o preaviso a «contenidos nocivos, lascivos y sexualmente ofensivos». El asunto que se ponía encima de la mesa, por tanto, era determinar quién debía ser el responsable de vigilar si un menor posee la edad legal permitida para tener un perfil en esa red.

Según los denunciantes, Snapchat había estado ganando dinero a costa de exponer a los usuarios (entre ellos, los menores que lo utilizan) a este tipo de contenidos y facilitar la ejecución de conductas como el *sexting*, pero, según la Ley de Decencia en las Comunicaciones estadounidense, un proveedor de servicios —en este caso, Snapchat— está obligado a poner a disposición del usuario los medios de control, ya sea a través del *hardware*, *software* o mecanismos de control parental, para limitar el acceso de los menores a este tipo de contenidos nocivos.

Según la denuncia, los términos del servicio de Snapchat que son aceptados por los menores antes de instalar la aplicación no incluían advertencias sobre el contenido ofensivo en Snapchat Discover. En los Estados Unidos, la edad de consentimiento es de trece años, la misma autorizada para poder utilizar los servicios de Snapchat,[1] y, aunque esta demanda pueda resultarnos lejana, en realidad no lo es, porque los contenidos de Snapchat no solo son accesibles desde los Estados Unidos, sino desde cualquier país, incluido el nuestro.

Lo más curioso es que Snapchat incumple hasta sus propias reglas, que prohíben que se comparta contenido sexual explícito (incluso en dibujos) con la participación de menores de dieciocho años. Pero ¿de qué nos extrañamos?, ¿o acaso no sabemos todos que la gestión de contenidos de las redes sociales se basa en un único objetivo, que no es otro que el de ganar dinero?

La conclusión es que el acceso a los servicios que ofrece la red no debe dejarse al libre albedrío del menor, confiando en que las redes sociales fiscalicen su actividad. Por eso, antes de que nuestros hijos instalen una aplicación, tenemos la obligación de leer las cláusulas con detenimiento (y paciencia) junto a ellos.

¿Hay un mundo más amable para nuestros hijos que no los exponga a navegar entre aplicaciones de uso adulto? Lo hay, existe la opción de configurar en los dispositivos de casa algunas opciones de buscadores y navegadores para que los niños naveguen en casa más seguros, y que muestran en-

---

1. La preocupación de esta denuncia viene por el grado de penetración del uso de esta red social, que cuenta con aproximadamente ciento cincuenta millones de usuarios cada día y aproximadamente el veintitrés por ciento (34,5 millones) está entre los trece y diecisiete años de edad.

tornos infantiles y amigables para el menor, con resultados para sus búsquedas adaptados a su nivel de desarrollo.

Estos buscadores también disponen de filtros para determinados criterios de búsqueda por palabras de contenido adulto o malsonante, y se toman en serio el concepto de privacidad al no guardar los historiales de búsqueda de otras personas.

Por poner un ejemplo, son conocidos los buscadores Kiddle o Bunis, y también existen navegadores web que incluyen aplicaciones para niños, configuradas con filtros y controles para acceder a contenidos infantiles divertidos y de su interés, como Buscadorinfantil, KIDOZ o KidRocket.

8. Cómo ayudar a mis hijos a crear y gestionar un perfil en una red social

Compartir fotos explícitas, íntimas o con contenido sexual, mandar mensajes con insultos e información personal que no debería ser expuesta, publicar fotos con el rostro visible... Es el pan de cada día entre los menores que hacen uso sin restricciones del móvil y sus aplicaciones. Operan sin control y lo muestran todo, sin conciencia de lo que forma parte del ámbito privado y personal y lo que se puede publicar sin implicaciones para su seguridad.

En este apartado de creación de un perfil, nuestros hijos no son ya meros consumidores de contenidos y noticias de entretenimiento o de información para los deberes del cole, sino que generan contenido a través de las redes sociales al publicar sus intereses, pensamientos, gustos, preocupaciones, opiniones y sentimientos. Ha llegado el momento de una supervisión más intensa.

- Para estas redes sociales —siempre según cuál sea y las normas de protección de datos de cada país—, la *edad mínima* se sitúa entre los trece y los dieciséis años, por lo que, como ya hemos visto, los menores de esa edad con cuenta en dichas redes sociales están infringiendo los términos de servicio y se exponen a su cierre.

Ya hemos visto también que el mayor punto de inflexión en los hogares se produce a los doce años, cuando se duplica la cantidad de menores que pasan a disponer de móvil. Las estadísticas dicen que a esa edad muchos padres en España deciden que sus hijos pueden hacer uso de un *smartphone,* algo que muy posiblemente se deba a que a los doce años la mayoría de los estudiantes pasan a la ESO y dejan la Primaria, lo que supone una mayor independencia y movilidad para ellos: los padres empezamos a permitirles que vuelvan solos a casa, pero, por otra parte, queremos estar al tanto de sus movimientos, de si se retrasan, de cuándo entran y salen... ¿Solución? Comprarles un móvil.

Otros estudios a nivel mundial recogen que el 56 % de los niños entre los nueve y los diez años y el 88 % de los niños entre once y doce años encuestados ya tiene un perfil en alguna red social. En países como el Reino Unido los límites de edad de los servicios digitales tampoco se respetan mucho, pues casi la mitad de los niños de entre once y doce años usan Facebook. En los Estados Unidos el panorama es muy similar.

Por tanto, a la hora de enseñar a nuestros hijos a gestionar un perfil en las redes sociales lo primero será asegurarnos de que cumplen la edad requerida:

→ **¿No la cumplen?** En ese caso, hay redes sociales específicas para niños, como KidzWorld o Lego Life, que, además de procurar una interacción social entre ellos, están diseñadas para desarrollar aspectos cognitivos y emocionales desde un punto de vista educativo. Además, mantienen algunas condiciones de privacidad que las redes sociales comunes no restringen por estar destinadas a los adultos, como el uso de un avatar o el permiso necesario de los padres para interactuar.

→ **¿Son mayores de trece o catorce años?** Entonces podremos abrir la cuenta, y en el proceso de creación nos solicitarán aportar datos personales que deben estar siempre bajo nuestro control, como una dirección de *e-mail* y un teléfono que van a ser utilizados como usuario, y el doble factor de autentificación, que nos avisará con una alerta si nuestro hijo o un tercero malicioso tratan de acceder desde dispositivos no autorizados o ubicaciones no habituales.

- En cuanto a la *política de contraseñas,* tenemos que elegir contraseñas complicadas que facilitaremos a nuestros hijos para que no sean ellos los que, por desconocimiento y comodidad, recurran a contraseñas cortas y fáciles de recordar. Aun así, la política de algunas redes ya solicita contraseñas con la inclusión de determinados caracteres para garantizar que sea lo más robusta posible.

- Durante el proceso de creación del propio perfil, la aplicación también nos solicitará una serie de datos de seguridad que deben estar bajo nuestro control. La privacidad es una de las funcionalidades que se pueden configurar en una red social, empezando por decidir si queremos que nuestros hijos tengan presencia con su *nombre* real —lo que los hace más identificables— o, por el contrario, pueden usar un *pseudónimo*, lo que al inicio es igual de divertido y posible para ellos, ya que las ventajas de estar cien por cien localizable a corta edad no son una prioridad (como sucedería, por ejemplo, si se busca optar a un puesto de trabajo en LinkedIn).

- ¿Elegimos un avatar como *imagen para su perfil*? El prota de sus dibujos animados, serie, deportista o juego preferido, con el que se sienta identificado, puede ser una buena opción. Además, al igual que el nombre real, una imagen actual de un menor de edad puede no ser la mejor elección.

- En cuanto a la *descripción* que acompaña al nombre y al avatar, sería adecuado un texto imaginativo y divertido que los ayude a identificar a iguales con sus mismos intereses y preferencias y, por supuesto, en la localización se han de emplear ciudades genéricas, nunca aportar lugares concretos como colegios, barrios o zonas.

- El paso siguiente con nuestros hijos es *buscarles contactos* conocidos y añadir aquellos con los que ya tengan relación personal. Es el momento de hacerles saber que, al igual que vosotros habéis creado un perfil de vuestra elección, los demás pueden hacer lo mismo, y hacerse pasar por cualquiera para contactar con los demás no siempre con buenas intenciones. Solo deben conversar con personas que ya conocen y, si un tercero les contacta de forma sorpresiva y no saben quién es, deben avisarnos antes de intercambiar cualquier información.

- La opción de configuración es para *especificar las opciones de privacidad y seguridad* con las que podremos decidir el grado de exposición del perfil, su visibilidad, quién puede o no contactarlos o añadirlos como contacto y seguirlos, consultar su cuenta, desconectar la geolocalización, aparecer o no en las búsquedas de terceros o que los contacten por mensaje privado. Cada aplicación tiene sus propias opciones, pero algunas de las citadas son comunes a todas ellas.

- Por último, debemos recordarles que *la publicación de información personal debe estar muy limitada,* porque puede ser utilizada por un tercero para cualquier fin, y también que deben mantener las mismas normas de respeto hacia los demás que en el mundo físico, y que los contenidos, una vez públicos, no desaparecen de la red.

9. Configurar los dispositivos desde los que accederá a Internet

Ya casi estamos listos para permitir a nuestros hijos acceder al maravilloso mundo de Internet, únicamente nos queda configurar los dispositivos informáticos desde los que les vamos a conceder este acceso, y en este punto es importante que no les demos cualquier dispositivo o les permitamos tomar prestado uno cualquiera, porque de nada nos servirá haber instalado herramientas de control en sus móviles si luego les permitimos un punto de acceso desde el portátil del trabajo o de cualquiera que pillen por la casa; por ejemplo, de sus hermanos mayores de edad.

Es decir, tenemos que definir con claridad cuáles son los dispositivos que pueden utilizar y asegurarnos de que todos tienen las configuraciones y herramientas de control que acabamos de ver. Es mejor que los menores usen solo ciertos dispositivos, pues así estaremos más tranquilos de que no usan los de terceros cuya actividad no controlamos, aunque sean miembros de la familia.

Para empezar, tienen que acostumbrarse a navegar siempre en nuestra presencia. Saben que tienen derecho a su intimidad y que nadie les va a fiscalizar cada palabra que compartan en sus mensajes con sus amigos, pero con nuestra presencia evitaremos que se sientan tentados a tomarse imágenes personales o en situaciones íntimas que puedan compartir o enviar, y así también podremos detectar cualquier reacción que nos resulte extraña, sospechosa o fuera de lo común.

La configuración que guardemos para sus *smartphones* deberá ser similar a la de los ordenadores de sobremesa, portátiles o tabletas que vayan a estar a su alcance. Los sistemas operativos más usados y conocidos incorporan configuraciones de privacidad y seguridad similares. No entraré en cuál de ellos es más seguro y por qué, ni detallaré paso a paso cada una de ellas porque me extendería demasiado, pero existen ciertos pasos genéricos que no debes olvidar.

Aun así, una duda muy común es si le damos un móvil de Google o de Apple a nuestro hijo. Dejando aparte el coste o el diseño, ambas marcas disponen de herramientas de control parental integradas, que es lo que nos preocupa, pero en todo caso debemos configurar las cuentas asociadas al sistema operativo elegido: con Apple vendrá iOS y con Android, Google, de modo que para utilizar un *smartphone* Android hay que tener una cuenta Google de correo electrónico, y no debemos olvidar que los términos y condiciones acuerdan que solo una persona de trece años o más puede crear una.

En mi opinión, lo recomendable sería generar una segunda cuenta para estos fines, a menos que queramos vincularla a nuestra cuenta personal, algo que, aunque más cómodo, no es aconsejable.

Por otra parte, las contraseñas de acceso SIEMPRE deben quedar en nuestro poder, incluidas las de las redes sociales, y el segundo factor de autentificación (el *e-mail* o número de teléfono que asociamos a una cuenta recién creada y que recibe un aviso cuando detecta cualquier actividad sospechosa) sí que debe ser una cuenta o teléfono al que tengamos acceso habitualmente en nuestro móvil.

Durante el proceso de configuración, Google nos solicitará introducir datos de pago para su tienda Google Play, lugar donde se descargan todas las aplicaciones de forma oficial. Lo mismo ocurrirá con Apple Store, la tienda de las aplicaciones de Apple. Este es un paso que se puede configurar en otro momento y no es obligatorio, pero sí que es preciso recordar que, si decidimos introducir información de pago o fuera necesario para adquirir alguna *app* que no fuera gratuita, esta información ha de ir vinculada a la cuenta de cualquiera de los padres.

Necesitas una cuenta si quieres sincronizar (que busque en la red los contactos e información existente en otras aplicaciones vinculadas a Google) fotos y contactos o usar la tienda de aplicaciones Google Play. Llegados a este punto, será necesario que nos planteemos si nuestros hijos menores necesitan una cuenta de correo (de Gmail, el correo web de Google): son una fuente de riesgo bastante elevado si tenemos en cuenta que pueden recibir información procedente de cualquier fuente, maliciosa o no, o el famoso correo basura o *spam*. Los menores no necesitan una cuenta de correo y, si tienen que enviar o recibir algún documento, es más seguro que por el momento empleen la nuestra.

Si utilizamos dispositivos Android, siempre tenemos la opción de crear una «cuenta familiar» que permita a sus miembros compartir compras en todos los dispositivos, así como dejar que el niño haga pagos desde su *smartphone* (mediante la información de pago que hayáis introducido y solo si lo aprobáis previamente).

Por último, no debemos olvidar limitar el tiempo de conexión a Internet así como el uso de llamadas o mensajes de texto por mensajería instantánea (WhatsApp es la más conocida). Controlaremos también el uso de los datos móviles y estableceremos un límite de consumo (y tendremos en cuenta que el visionado de vídeos y música conlleva un gasto de datos muy elevado), salvo que no los tengamos contratados, y en ese caso estableceremos solo determinadas redes inalámbricas o wifi de confianza.

Podemos programar y delegar las tareas de control de tiempos y de descarga de aplicaciones o sus juegos preferidos usando las herramientas de control parental, que deberemos configurar siguiendo los pasos que se nos indiquen durante la instalación. Estas herramientas nos ayudarán a configurar ajustes adicionales de seguridad, como los filtros de acceso web a determinados contenidos, bloqueo de ventanas emergentes de juego, publicidad, *spam*, etcétera.

10. Herramientas de control parental. ¿Se recomienda su uso?

Todos recordamos la famosa aplicación *Pokémon GO,* estrenada hace unos años y que causó una auténtica revolución social y la locura en menores y adultos. En los medios no se hablaba de otro tema que de *Pokémon GO,* pero lo más interesante tal vez para mí pasó inadvertido para estos: se trataba de algunas de las líneas de las condiciones de uso, en las que sus propios desarrolladores advertían que el juego no se debía dejar en manos de un niño sin supervisión:

> Nota especial relativa a la privacidad y a los menores *online:* Es posible que los padres deseen que los menores accedan a este sitio. Los menores pueden crear una cuenta *online* mediante el proceso ordinario, solicitando tu permiso cuando sea oportuno. Pokémon cree que los padres deben supervisar la actividad *online* de sus hijos con la misma diligencia con la que supervisan su actividad en el «mundo real».

Es curioso, y no por eso menos llamativo, que una de las aplicaciones más famosas de todos los tiempos pida a los padres explícitamente que no olviden supervisar la actividad de sus hijos en la red.

En los tiempos en que vivimos, la tecnología ha facilitado la vida a los depredadores sexuales y sus métodos para conseguir víctimas, sobre todo menores. Si antes estos utilizaban los chats privados, hoy usan las redes sociales con perfiles falsos como señuelo por la sencilla razón de que estas no llevan a cabo verificaciones de identidad durante los procesos de registro. Los depredadores pueden utilizar fotos de otros menores obtenidas sin permiso y hacerse pasar por estos para ganarse la confianza de sus presas y, después, tratar de quedar con estas a cambio de recompensas atractivas para un niño, como dinero, móviles o juegos.

Que ahora una aplicación permita crear lazos de amistad con cualquier desconocido dentro del desarrollo del propio juego permite que, por ejemplo, cualquiera con fines deshonestos pueda crear señuelos bajo la excusa de avisar de «que existen criaturas o poderes» en ciertos lugares y así atraer a los niños hacia ellos o para estudiar los posibles lugares de encuentro con el fin de encontrar víctimas.

Es por esto que el realismo de ciertas aplicaciones debe hacernos agudizar todavía más nuestra necesidad de supervisar la actividad de nuestros hijos cuando se registren y de comprobar las cláusulas, porque estas pueden darnos alguna pista respecto a los supuestos peligros con los que se van a encontrar los niños.

La edad mínima de participación en *Pokémon GO* es de nueve a diez años, por lo que se necesita el consentimiento de los padres para aceptar las condiciones de uso. Si la propia aplicación detecta que alguno de sus usuarios no cumple sus requisitos, cancelarán la cuenta, pero lo cierto es que no hacen ningún tipo de comprobación ni verificación de edad, por lo que, además de la supervisión, es conveniente establecer nuestras propias herramientas de control parental.

Existe mucha documentación en la red sobre estas herramientas y me han preguntado en infinidad de ocasiones cuál es la más apropiada. En el mercado existen varios proveedores de confianza que ofrecen este tipo de *software* y, simplemente, tendremos que navegar por la red para comparar sus funciones y costes, y así elegir la que más se adapte a nuestras preferencias y presupuesto.

Aun así, no me cansaré de recordar que las herramientas de control parental nunca deben sustituir al control activo de los padres y a una buena educación en el uso responsable y los peligros que esconde la red. Solo son una barrera más para evitar determinados riesgos. Efectiva, sí, pero no la única.

¿Qué son estas herramientas y qué posibilidades
de protección ofrecen?

Se instalan en cualquier dispositivo informático, móvil, portátil, de sobremesa o tableta, y permiten proteger y gestionar la actividad de un menor en la red.

Con ellas podremos controlar el tiempo que nuestros hijos están en la red para evitar adicciones o accesos a horas inadecuadas; filtrar contenidos de índole sexual, pornográfico, violento, etcétera; también nos permitirán bloquear aplicaciones con contenido adulto, lucrativo, de perfil adictivo o con posible origen malicioso; monitorizar su actividad y saber qué páginas visitan, qué aplicaciones consumen o cuáles son sus criterios de selección y búsqueda; activar alertas y notificaciones en el caso de que se detecte algún tipo de actividad o programa no deseado por nosotros; estar al tanto de con quién intercambian llamadas y mensajes; geolocalizarlos en cualquier momento cuando estén conectados fuera de casa e instaurar este tipo de controles en cualquier sistema y dispositivo.

Estas son algunas de las actividades de monitorización más demandadas por los padres, aunque, en función de su versatilidad y coste, podremos recibir alertas más específicas y controlarlos desde cualquier dispositivo, no solo desde casa.

Antes de su instalación y uso conviene explicar a nuestros hijos que estas herramientas, al igual que un *antimalware,* nos protegen de riesgos que no controlamos, difíciles de detectar, y que con ellas están más seguros porque, como ya he dicho, debemos evitar un clima de desconfianza y que crean que están sometidos a unos controles excesivos o que son espiados en cada uno de sus pasos.

De hecho, en última instancia, siempre tenemos la posibilidad de explicarles que, sin este tipo de herramientas, no hay móvil.

11. ¿Son infalibles estas herramientas de control parental? ¿Y si tengo un hijo *hacker*?

Cualquier sistema se puede burlar, y no solo por expertos informáticos o *hackers,* porque nuestros menores, como nativos digitales que son, son perfectamente capaces de buscar soluciones o alternativas informáticas ante cualquier reto o necesidad.

¿Se podría decir entonces que existen menores que son *hackers* en potencia?

Sí, si entendemos que un *hacker* busca la resolución de problemas y limitaciones técnicas planteados por las herramientas tecnológicas susceptibles de ser burladas. Y para esto, desde luego, existen menores con altas dosis de pericia e imaginación que ya desde la infancia se convierten en verdaderos *hackers* capaces de saltarse el control de las herramientas parentales, aunque sea con un buen fin.

¿Tener un hijo *hacker* en casa es positivo?

Claro que lo es (de momento, no le faltará trabajo dentro de unos años), siempre y cuando sepamos de sus andanzas y las encaucemos hacia un buen fin. Desde muy pequeños pueden resolver problemas tecnológicos con elevada soltura porque han nacido en la era 2.0 y el uso de la tecnología y las redes sociales es tan natural que forma parte de su propio lenguaje.

Para qué engañarnos: desde hace tiempo aparecen nuevas técnicas y triquiñuelas para esquivar los controles parentales que vuelan como la espuma entre los jóvenes.

¿Cómo evitar que nuestro «pequeño genio informático» nos hackee desde dentro? Vayamos por partes:

- **El wifi de casa:** configuraremos las claves de acceso al *router* de casa y cambiaremos las que vienen por defecto. ¡No debemos apuntarlas en un pósit! Hay muchos tutoriales en Internet que indican los parámetros del *router* que hay que modificar para configurar redes wifi secundarias, de modo que esa otra red SSID será desconocida u oculta de la red principal, y será a esta a la que realmente se conectarán nuestros hijos sin que nosotros nos enteremos.

- **Las navegaciones privadas y anónimas** permiten que nuestros hijos naveguen con otra dirección IP diferente a la asignada para el domicilio. Los filtros, restricciones y bloqueos de las herramientas de control parental afectan a este parámetro, de forma que, al utilizar estos sistemas, pueden obtener acceso a sitios que hemos bloqueado (YouTube, redes sociales, páginas de juegos, etcétera), bajarse contenidos, hacer compras *online...* También nos impedirá comprobar los rastros de su navegación. Es el caso de las VPN (redes virtuales privadas) o los *proxies,* cuyo funcionamiento les permite saltar los filtros establecidos, las listas negras con direcciones de sitios no deseados y los *firewalls.*

- Ocurre algo similar si nuestros hijos se conectan a través de **redes TOR** y similares, que funcionan sobre sistemas de enrutamiento de la conexión que impiden a las herramientas de control parental identificar la IP de origen verdadera.

- Además, para un menor de catorce a diecisiete años de hoy es muy sencillo configurar un **sistema de arranque dual** (sistemas *dual boot*) que le permite instalar más de un sistema operativo (alternativo de casa, donde está configurado el control parental) y navegar a través del otro.

- También hay **trucos para acceder a determinadas páginas saltando las restricciones del sistema de DNS** (servicio de resolución de dominios o páginas web) al establecer el nombre de determinadas páginas directamente con su dirección IP y no con el nombre de dominio (página web). Es decir, es lo mismo poner en la barra de direcciones del navegador <https://www.facebook.com/> que la dirección IP <157.240.3.35>. Con estas direcciones IP, las máquinas identifican la ubicación de un recurso conectado a la red, web o sistema. Para el ser humano es más fácil memorizar un nombre que esta serie de números, así que ese sistema DNS se encarga de hacernos la traducción.

Otro control que muchos padres realizan, aun sin ser una idea muy efectiva, es buscar programas instalados o iconos en el escritorio que no les sean familiares, lo cual no tiene mucho sentido porque lo que estos padres tal vez no sepan es que hoy proliferan las *apps* que, bajo un nombre y una apariencia de utilidades conocidas e inocuas (calculadoras, juegos, nombres didácticos), sirven para esconder todo tipo de información: fotos, vídeos, webs, etcétera. Menuda cuestión difícil de atajar.

Pero es que, además, no solo el PC debe ser objeto de control, ya que también existe la posibilidad de que nuestros hijos deshabiliten y cambien las contraseñas de las restricciones de los dispositivos móviles, de las consolas PlayStation, Xbox, Nintendo, etcétera, pues bucarán en Google hasta dar con la forma de hacerlo.

Tener un hijo *hacker* quizás es una garantía de futuro, pero, por el momento, tendremos que incrementar nuestras habilidades de supervisión si no queremos que nos hackee la paciencia.

12. Haz que la vuelta al cole sea segura: controla sus dispositivos electrónicos

Atrás quedó la ansiada vuelta al cole que incluía aquella especie de ritual de forrar los libros y cuadernos con papel adhesivo con destreza cirujana («que no queden burbujitas, que da mucha rabia») y, después, admirar aquella montaña de libros que no tenía nada que envidiar a la majestuosidad del Everest.

Hoy, aquella magia ha sido sustituida por el ordenador personal, la tableta y el móvil. Y con las mochilas con ruedas esa montaña de libros ya no la traen los niños a casa cargados como mulas con ella a la espalda: ¡la arrastramos nosotros!

La pregunta es: ¿cuántos móviles han perdido tus hijos? Van saltando de actividad en actividad y se distraen con facilidad, de modo que dejan teléfonos y tabletas por ahí, que simplemente se pierden o *son encontrados* por cualquier amigo de lo ajeno, de esos que nunca desaprovechan la ocasión.

¿Cómo se puede evitar?

Fácil: el dispositivo tiene que estar bajo custodia paterna en los desplazamientos o en zonas de recreo en las que el niño está distraído.

Por si aun así se extravía, existe la opción de activar una pantalla de bloqueo para proteger el *smartphone* y que muestre un mensaje de contacto con el número de teléfono de los padres, por si lo encuentra un extraño. Al menos así nos aseguramos de que su información personal está a salvo.

Ahora otra cuestión importante: el dispositivo puede desvelar la ubicación de nuestros hijos de dos formas:

• La ubicación del propio teléfono.
• La ubicación que incorporan las aplicaciones, que tienen la posibilidad de activarla.

Para evitar esto, antes de salir de casa o del colegio activaremos el geoposicionamiento del dispositivo o del control parental, pero no el del resto de las aplicaciones, que podrían poner al descubierto sus rutas habituales (colegio, actividades extraescolares y domicilio). Es importante asegurarse de que, en la medida de lo posible, el geoposicionamiento esté controlado de la forma deseada.

También debemos evitar el error de anotar en un papel el código de seguridad o de patrón de desbloqueo del móvil y guardarlo donde puedan encontrarlo nuestros hijos. Somos los padres los que debemos desbloquear el terminal, nunca delante del niño. Y aquí, de nuevo, insisto: hay que elegir buenas contraseñas.

Es más cómodo dejar las sesiones de las redes sociales y las cuentas de correo abiertas, con la contraseña ya guardada, cierto, porque nos resulta más rápido activar la opción «guardar contraseña» y «así el niño no me da la lata» para acceder fácilmente a su red favorita, pero, al hacerlo así, le estamos dando vía libre para navegar sin control. Para evitar esto, no debemos terminar la sesión cerrando la ventana, clicando directamente sobre el aspa que hay en la ventana superior derecha. Es más seguro ejecutar el *log out* o la desconexión desde la propia aplicación buscando la opción del menú de la aplicación «cerrar sesión». Solo necesitamos un poco de paciencia los primeros días para localizarla.

No debemos dejarlos usar dispositivos electrónicos por la calle, así evitaremos atropellos porque, o miran a los lados, o a la pantalla; no son camaleones. La actividad del móvil es tan absorbente que todos podemos caer en distracciones imperdonables, pero nuestros hijos parecen zombis con un móvil entre las manos.

Aunque forme parte de los deberes de las herramientas de control parental, no es su tarea exclusiva controlar la navegación de nuestros hijos por la red, por eso debemos controlar las webs que visitan con más frecuencia: hay mucho contenido nocivo que podría saltarse los controles técnicos.

Otro aspecto primordial es cuidar la información personal que puedan contener los dispositivos: no debemos anotar datos personales en ningún archivo, como números de teléfono, domicilios, contraseñas... Tampoco guardar o permitir que almacenen ni compartan fotos comprometidas.

Aunque ya lo hemos comentado, debemos advertirlos de que no acepten ofrecimientos de dinero ni regalos por Internet de desconocidos o «amigos virtuales». La suplantación o el uso de identidades falsas están a la orden de día.

Por último, si hemos tenido la suerte de recibir como regalo un dispositivo informático o este se entrega como parte del material escolar, debe pasar una «ITV» parental, porque que los entreguen en centros educativos no implica que se hayan preocupado de configurarlos de forma adecuada para su uso por menores. Ningún dispositivo está exento de «cacheo parental», y por eso lo recomendable sería que fuéramos los primeros en encenderlo, con todos los pasos que conlleva, y comprobar qué aplicaciones, sistemas operativos y opciones de seguridad y privacidad vienen instalados. Si estos dispositivos no admiten la instalación de *software* de control parental o de otras aplicaciones de supervisión, tendremos que valorar si nos conviene su uso.

Es así, amigos, no queda otra que añadir al Everest librero los dispositivos informáticos de nuestros hijos.

13. ¿Qué peligros existen en los videojuegos, juegos sociales y casinos *online*?

Hace un par de años se publicó una noticia sobre un niño de siete años que gastó cinco mil quinientos euros en un juego de dinosaurios instalado en el iPad de su padre. Le habría salido más barato traer uno de verdad desde la isla Nubla de *Jurassic Park*.

Resulta estremecedor. Los juegos sociales virtuales, tradicionalmente asociados al desarrollo de habilidades sociales, valga la redundancia, llevan aparejada la denominación «social», pero eso no los hace más amables e inofensivos que el *gambling online* tradicional que todos conocemos (casinos, póker, tragaperras, bingo...), destinado a mayores de dieciocho años. Pero que nuestros hijos vacíen las cuentas bancarias de casa no es el único riesgo de este entretenimiento.

Cada vez son más sofisticados, adictivos, realistas, intuitivos e interactivos y, aunque no llegan al realismo de los juegos de la serie de *Black Mirror*, poco les falta. Lo más preocupante es que pueden ser usados por menores de forma indiscriminada si no lo evitamos. Es imposible que no se topen con webs de apuestas en redes sociales o con un anuncio o invitación para descargarlos en tiendas virtuales en todos los formatos: tabletas, ordenadores y móviles.

Porque para toda trampa siempre debe haber un señuelo, que en este caso es el de «gratis» del principio, pero «caro de la leche» del después. Es una estrategia comercial inicial para captar clientes de manual: «Pruébalo gratis y verás». Si se engancha, será cuestión de tiempo que sea el propio jugador quien, cansado de las funcionalidades limitadas que ofrece la versión *free* (gratuita), se pase a la *premium* (de pago) para disfrutar del mayor número de «privilegios» que se compran en el transcurso del juego y que consisten en herramientas, superpoderes, comida, vidas o «dinero virtual» para garantizar la continuidad o ganar niveles de acceso.

Conllevan, por supuesto, un coste para el bolsillo, y es aquí donde está el negocio del juego social: en los micropagos. Se trata de pagos repetitivos de poca cantidad (entre uno y cuarenta euros, dependiendo de lo que se compre) por la adquisición de complementos que otorgan más versatilidad y funcionalidad al juego.

Con mucha probabilidad, estas aplicaciones están vinculadas a servicios de pago del móvil, así que nuestros hijos pueden acceder sin ninguna limitación a ellos, ¿quién iba a decir que un inofensivo juego apto para un niño de más de tres años puede no ser tan indicado para nuestro ritmo cardíaco? Una herramienta en forma de hacha por 3,15 €, un nivel superior por 10,50 €, un avatar molón por 30 €, y, así, cargo tras cargo. Poco a poco, estas microtransacciones se van añadiendo en la cuenta bancaria o de crédito/débito del titular, hasta que son cientos o miles de euros mientras los niños juegan tranquilamente en casa.

Esta misma adictiva estrategia comercial fue la que usaron los administradores de WhatsApp cuando, en 2013, doscientos cincuenta millones de usuarios tuvimos que pagar 0,89 € tras haber integrado como parte de la familia a este servicio. Es una cantidad insignificante y asumible para cualquiera, pero, si la multiplicamos por doscientos cincuenta millones de usuarios, la cifra adquiere una dimensión importante para un simple sistema de mensajería instantáneo.

Y tu hijo, ¿sabe con quién juega?

Llegados al proceso de registro, es hora de escoger una identidad, un avatar, un personaje y un pseudónimo. Estos juegos, o las tiendas que permiten su compra, guardan datos bancarios, pero tampoco utilizan un sistema de verificación de identidad (ni de edad) de los usuarios. Y el hecho de que estén disponibles en una tienda *online* de confianza no significa que la persona que se lo descargue lo sea, ni que lo haga únicamente con fines de entretenimiento.

Muchos juegos sociales permiten la opción multijugador, con comunicación entre usuarios mediante chat en línea y en tiempo real.

Por tanto, durante el juego, es habitual que los jugadores interactúen y, al no existir verificación de identidad, que cada uno de ellos actúe bajo una identidad ficticia. Nuestros hijos estarán, así, tratando con personas anónimas cuyos objetivos desconocemos.

Si albergan intenciones oscuras, tratarán de conseguir una relación más cercana, ganarse su confianza para obtener información personal o archivos (vídeos o fotos) de carácter íntimo para luego pasar al acoso o a la extorsión. También pueden aprovechar estas conversaciones para mandarle enlaces maliciosos a otros sitios web o archivos descargables que escondan *keyloggers*, un tipo de *software* que recoge las pulsaciones del teclado y que en manos de ciberbellacos se destina a grabar las pulsaciones que se refieren a contraseñas, datos personales y bancarios. Si el jugador desconocido es un usuario malicioso más sofisticado todavía, buscará la excusa para enviar otro archivo o programa que incluya algún troyano, otro *software* capaz de ejecutar órdenes diversas en el ordenador infectado de la víctima, como activar de forma remota su *webcam* para espiar y grabar sus movimientos frente al ordenador.

Por último, esta falta de verificación de identidad es también la responsable de cargos repetidos inesperados en nuestras cuentas procedentes de tarjetas de crédito dobladas o robadas.

Sigamos con los pagos en juegos sociales: para favorecer la compra impulsiva (o, como ellos afirman, «para tu comodidad»), las tiendas de compra *online* vinculan los datos bancarios a tu cuenta y guardan las numeraciones de las tarjetas y sus claves. Si la instalación es «gratuita», dentro de las autorizaciones que le estás concediendo al juego está la de realizar compras desde tu cuenta vinculada a la tienda de Google o iTunes (de Apple). Esta «comodidad» continúa durante la partida para que el jugador adquiera rápidamente, de forma impulsiva, utilidades o privilegios que le permitan subir de nivel y ser jugador «nivel máster», así que, si puedes evitarlo, trata de no vincular las cuentas y no guardar las contraseñas.

Para los juegos que se instalan desde tiendas *online* confiables, como las tiendas de Apple y Google, es poco probable (no imposible) que durante el juego haya códigos maliciosos embebidos o *malware* oculto. Si la instalación la haces desde webs de dudosa reputación o desconocidas que te ofrecen el juego «gratis», es posible que con la instalación o durante el mismo juego te lleves «gratis» procesos maliciosos, como *adware* (*malware* escondido detrás de anuncios) y *phishing*, que te conduce a webs simuladas de realizar los pagos. Lo mismo puede ocurrir cuando tengas que descargarte actualizaciones y mejoras para nuevas interfaces o funcionalidades con un «regalo incluido».

El *gambling* o juegos conocidos, como los casinos virtuales en forma de mesas de juegos de cartas (póker, *blackjack*, mus), tragaperras *(slots)*, ruletas, bingos y otros juegos de azar, son los juegos más adictivos y peligrosos que existen y donde antes se funden nuestros hijos el dinero.

En España estas aplicaciones están reguladas, con verificaciones estrictas de identidad, esta vez sí, sobre todo desde que hay que declarar a Hacienda los beneficios procedentes del juego, y podremos reconocerlas porque son webs con extensión «.es» de juego *online* y con el logo de «juego seguro», que no es lo mismo que «sin pérdidas».

Pero no hay que confiarse, existen otros cientos de aplicaciones que no están bajo el auspicio de nuestra regulación española y que omiten cualquier tipo de control en el registro de los potenciales jugadores, así como de sus pérdidas. Muchas de estas casas de apuestas están situadas en paraísos virtuales (y fiscales) como Gibraltar, Panamá, Irlanda, las islas Caimán, Malta, etcétera, y contactar con los administradores de esas webs es casi imposible.

¿Cuáles pueden ser los efectos negativos de los videojuegos en los niños?

Un estudio de la Universidad McGill de Canadá muestra que la interacción con otras personas a través de videojuegos puede generar un impacto negativo en el cerebro de los menores: cambios de comportamiento, como ignorar actividades diarias básicas como el orden, la limpieza, los deberes, salir con los amigos o dejar de lado costumbres de ocio, dificultades o cambios en los hábitos de sueño, ausencias escolares o excusas para no ir al instituto, aislamiento social o disminución de sus relaciones interpersonales son indicadores de alerta referidos a un posible trastorno de adicción al juego.

En una clasificación interna sobre desórdenes mentales, la Organización Mundial de la Salud (OMS) incluye el trastorno de adicción al juego como un desorden de salud y lo define con una serie de manifestaciones como la impulsividad y el estrés generado por conseguir la rápida gratificación que simula el ganar, porque los niños que participan con frecuencia en juegos virtuales están continuamente sometidos a retos, ya sea contra la propia máquina o contra otros jugadores. De hecho, no es de extrañar verlos frustrados, decepcionados, tristes, malhumorados o preocupados por haber perdido partidas.

¿Cómo evitar que se enganchen a los videojuegos?

Si vemos que nuestro hijo cambia de juego, debemos preguntarle por qué y qué esperaba encontrar. Y, si disponemos de algo de tiempo, sería fantástico si pudiéramos ser los «primeros catadores» del videojuego y valorar por nosotros mismos la experiencia. Debemos igualmente trasladarles que los juegos son una forma de entretenimiento más, que perder partidas forma parte de su dinámica y no tiene ninguna relevancia en su día a día, salvo que sea jugador profesional y se entrene para ganar los millones de euros del premio en el Campeonato Mundial de *Fortnite*. En ese caso, podemos saltarnos esta cuestión y muchas más de las que hay en el libro.

Deberíamos quedarnos con la idea de que cualquier juego o entretenimiento *online* permitido para menores está bien, pero, como los menores aún no han desarrollado el autocontrol necesario, cualquier actividad o conducta adictiva puede ser perniciosa si no se vigila ni se controla el tiempo que pasan jugando frente a la pantalla, que han de asociar a un momento de ocio o de recompensa, y siempre bajo las condiciones que hemos establecido.

14. Mi hijo ha llegado al nivel máster del videojuego gracias a sablearme la cuenta bancaria comprando bienes virtuales. ¿Qué puedo hacer?

Gracias a las microtransacciones muchas empresas de *software* de juego están haciendo su agosto. En los Estados Unidos, el director de comunicación de un banco pasó por un trance de este tipo al descubrir que su hijo de trece años había comprado «bienes» digitales por valor de cuatro mil quinientos dólares en el juego de fútbol *FIFA*.

El niño, recién mudado, encontró a sus nuevos «amigos virtuales» en este juego al que su padre, por error, había dejado vinculados todos los datos de la tarjeta.

¿Cómo se detectan esos cargos? Generalmente son microtransacciones, pequeñas cantidades repetidas en un momento del día que van de uno a cuarenta euros. No son cantidades elevadas para favorecer la compra compulsiva, aunque, si lo sumamos, el susto puede llegar a ser inmenso. Se pueden detectar en diversas fechas si nuestros hijos han tirado de tarjeta en diferentes días y en el cargo suelen aparecer las iniciales del servicio. Por ejemplo, si se trata de Facebook, veríamos FB, acompañado de un identificador numérico del tipo FB1800023.

Es muy habitual recibir denuncias de ciudadanos por estos abonos, que no siempre obedecen a que nuestros hijos hayan realizado estas compras. Sin embargo, antes de dirigirnos a reclamar al banco, lo primero que debemos hacer siempre es contrastar el hecho, porque, si realmente el menor se hubiera entusiasmado comprando bienes, acudir a una comisaría para denunciar y poder exigir el dinero a la entidad bancaria constituye un delito de denuncia falsa. En cambio, si tenemos la certeza de que no ha sido un incidente casero, debemos ir a denunciar por un posible cargo fraudulento en nuestra tarjeta, ya que el origen de estos cargos es contrastable y se puede determinar.

En general, tal como ya hemos indicado, una tarjeta de crédito vinculada a una aplicación de compra o susceptible de ello debería ser considerada en casa como un objeto «altamente inflamable». Tenemos el ejemplo de Amazon: ¿cuántos objetos innecesarios tenemos en casa procedentes de la compra impulsiva de «Compra en un clic» de este gigante del comercio? «Tenlo en casa en veinticuatro horas», «Otros también compraron estos artículos» y demás estrategias comerciales te ponen el caprichoso artículo entre las manos antes, casi, de comprarlo.

No vamos a debatir qué responsabilidad tienen este tipo de plataformas de juego *online* (y en general la industria virtual) por permitir y mantener estructuras de pago tan «flexibles» que facilitan a los niños la realización de compras digitales. Si no se les exige ningún tipo de responsabilidad para efectuar los controles necesarios a quienes ofrecen servicios digitales para ganar dinero, ¿por qué prescindir de estrategias comerciales impulsivas y establecer controles que dificulten las compras? Comprar es un acto voluntario por el que se paga una contraprestación, ni más ni menos. No hay ninguna ilicitud mientras las condiciones de la operación estén claramente indicadas en las cláusulas de la plataforma. Lo habitual es que se exija la supervisión de los padres durante la compra de bienes digitales y, en caso de hacerlo, no se reembolsa lo adquirido.

Cabe responder, entonces, a la pregunta más pertinente: ¿pueden las empresas autorizar las compras de un menor y los padres recuperar ese dinero? ¿Y pueden nuestros hijos realizar compras *online* libremente?

Las condiciones de uso de los servicios, ya sean videojuegos, aplicaciones o plataformas de compra, explicitan muy claramente la edad mínima a partir de la cual el menor puede realizar pagos. Suele ser de los trece años en adelante, según el servicio. A partir de esa edad, el menor puede aventurarse a hacer compras siempre con la autorización y supervisión de los padres, porque todavía es pronto para que puedan entender que las herramientas que compran durante la partida tienen un coste monetario que compromete la economía del hogar.

Por otro lado, según recoge nuestra normativa civil, un menor de trece años no puede celebrar contratos mercantiles, a excepción de los normales en su día a día (como dulces, alimentos, cromos...). Según esto, podría exigirse la anulabilidad del contrato frente al servicio virtual, pero esta es una cuestión legal que todavía está pendiente de dirimir si se da el caso de que la plataforma ha informado de las cláusulas oportunas en relación con el proceso de compra. Si no lo hubiera hecho, o se detectaran malas praxis que fomenten la compra impulsiva y la adicción, sí que existiría alguna fundamentación jurídica que nos permitiría el reembolso, e incluso algún tipo de responsabilidad por parte de la empresa.

Pero no cantemos victoria: por ahora, mientras esta cuestión legal no se dirime, el reembolso queda en manos de la voluntad del servicio y, salvo excepciones, no suelen devolver esos cargos procedentes de las microtransacciones, por lo que nuestro hijo tendrá una armadura excelente y un impresionante avatar mientras la cuenta bancaria familiar vaga por los rincones de la ciudad tocando el violín.

Aun así, yo siempre animo a los perjudicados a reclamar la devolución. Podemos exponer a través del contacto de la web nuestro caso en particular, pero, por el momento, si somos realistas, no debemos albergar muchas expectativas de recuperar el dinero, aunque sí de cambiar temporalmente la Xbox por un libro analógico.

Ni en los Estados Unidos ni en muchos más países parece que estén para devoluciones salvo que la normativa obligue a lo contrario. Para las empresas que operan en Europa se exigen determinadas comprobaciones adicionales cuando se detectan este tipo de comportamientos compulsivos, como, por ejemplo, no permitir la realización de determinada cantidad de cargos similares en un período de tiempo o por una cantidad determinada.

Por último, mucho cuidado con algunas webs que ofrecen retirar estos cargos por veinte, treinta o cuarenta euros. Son fraudulentas o incluyen términos y formas subrepticias de contratar su servicio, que, además de no valer para nada, te supondrá otro sobrecoste.

Y, mientras esperamos a que se establezca algún tipo de control, ya sea por responsabilidad corporativa y de imagen o por obligación normativa, deberemos recurrir al ya manido consejo de la supervisión, incluso jugando a la videoconsola.

15. ¿Son seguras las aplicaciones que descarga mi hijo?

Existe todo un mundo dentro de las aplicaciones o *apps;* prácticamente hay una para cada necesidad, lo que conlleva que el escritorio del móvil o la tableta de nuestros hijos se convierta en una sábana de iconos de todo tipo: desde juegos a aplicaciones de monitoreo, seguimiento, vídeos, aprendizaje, etcétera.

Muchas de estas aplicaciones son socorridas porque entretienen y potencian las habilidades de nuestros hijos, pero ¿conocemos realmente lo que implica la instalación y su utilización posterior?

Como padres, debemos tener ciertos aspectos claros cuando aceptamos instalar una aplicación en el móvil de nuestros hijos. Muchas de ellas son gratuitas o de bajo coste, pero conllevan otro tipo de contraprestación que conviene valorar. Si queremos que nuestros hijos disfruten de una determinada herramienta, tendremos que aceptar sus condiciones. Si son ellos los que se la descargan, seguro que ignorarán todos los términos de uso y advertencias antes de instalarla.

A cambio de esa gratuidad, muchas obtendrán sus rutinas de navegación y preferencias de uso, o un pago mucho mayor que una mínima cantidad de uno, cinco o diez euros por descarga, o mercadearán con su información (que lo harán, aunque de forma menos indiscriminada). Digamos que cederemos una pequeña pero no menos importante parcela de la privacidad de nuestros hijos. Podríamos buscar otras *apps* alternativas, pero no hay negociación posible si les interesa alguna en concreto.

Llegado el proceso de descarga, es hora de seleccionar su *app* deseada. Es recomendable elegir siempre tiendas legítimas o conocidas como Google Play, Amazon, Samsung o Apple Store. Aunque escanean y monitorizan el desarrollo de las aplicaciones que ofrecen, como el caso de la firma de código de Apple, que evita que *apps* no autorizadas se ejecuten en un dispositivo iOS, aun así, en sus *markets* se cuelan aplicaciones maliciosas o susceptibles de ser aprovechadas por los delincuentes.

Por eso debemos desconfiar, y mucho, de las páginas que las ofrecen de forma paralela a menor coste: o no existe tal aplicación, o la descarga vendrá cargada de sorpresas. Desde luego, no hacemos ningún favor a nuestros niños si acudimos a aplicaciones piratas o descargadas de mercados desconocidos o de redes P2P (de compartición de archivos) y que no han pasado ningún tipo de control.

Debemos tener en cuenta también que los accesos que concederemos a las *apps* influirán en nuestra privacidad y en los contenidos del móvil y que la información personal de nuestros hijos puede ser el objetivo de cualquier desaprensivo. Entre las *apps* de moda, de juegos, de aprendizaje, etcétera, nuestros hijos pueden llegar a tener instaladas decenas, y por eso debemos revisar minuciosamente los permisos que ha otorgado a todas ellas. Es tan fácil como ir al menú de las aplicaciones y ver a qué datos e información de su móvil pueden acceder.

Después de quedarnos con la boca abierta nos asaltarán las siguientes preguntas: ¿para qué leches quiere esta *app* acceso al identificador del móvil? ¿Cómo es posible que Facebook sepa más de mi hijo que yo? ¿Dónde están los datos a los que he autorizado que accedan? ¿Qué hacen con la información que obtienen de su móvil, si hay datos que no necesitan para que la *app* funcione?

Al examinar detenidamente los permisos que le hemos otorgado a Facebook descubriremos que son unos veinte.

¿¿¿Veinte??? Para saber qué significan estos permisos de seguridad en Android, a qué recursos del móvil acceden o qué riesgos conllevan, podemos consultar por Internet su significado, que seguro que desconocemos.

¿Qué hacen los desarrolladores y las empresas que gestionan las aplicaciones con los datos que obtienen procedentes de estos accesos?

Esa información personal generalmente sirve a las necesidades de empresas de *marketing*, publicidad, estudios de mercado y digitales, entre otros muchos usos. Lo difícil es concretar la ubicación precisa a la que va a parar esa información y su ubicación. Podría estar en servidores de alojamiento de varios lugares distintos distribuidos por todo el mundo, porque no existen auditorías sobre ello.

Una de las incógnitas es el tratamiento que le dan a la información personal de nuestros menores. Puede ocurrir que entre los controles de las diferentes tiendas de descarga de las aplicaciones, o en webs de dudosa procedencia, convivan *apps* maliciosas con piel de cordero.

El peligro puede provenir de un *spyware* y también de troyanos o *softwares* que se instalan en el dispositivo para monitorizar en remoto la actividad de un usuario, sus mensajes de texto, correos, contactos, localización, historial de navegación, fotos..., con el consiguiente robo de información personal y credenciales.

¿Cómo detectar estas apps *maliciosas, inseguras o con vulnerabilidades que pueden comprometer la seguridad personal de nuestros hijos?*

Por un lado, podemos encontrarnos con aplicaciones que se exceden en la solicitud de permisos con fines no muy éticos pero que no son delictivos, como la posible venta de información personal en el mercado negro y los estudios de mercado sobre los hábitos de los menores que permitan el diseño de nuevas utilidades. El problema es que para un usuario con conocimientos básicos, incluso avanzados, es difícil distinguir si una *app* esconde intenciones maliciosas o no. Su actividad no es visible hasta que se instala o ejecuta a través de procesos ocultos.

Si notamos que el móvil se calienta en exceso, consume más batería de lo normal, se ralentiza, se bloquea con frecuencia, ejecuta procesos por sí solo, emergen ventanas con publicidad, recibe mensajes de servicios a los que no está suscrito, aparecen páginas que bloquean la navegación u otros comportamientos poco habituales, puede ser un indicio de la presencia de un visitante no invitado. La mejor medida de detección es buen *antimalware,* tanto en el PC como en el móvil.

*Consejos para contener la invasión de apps y cómo
optar por las más convenientes para nuestros hijos
y su privacidad*

Cualquier aplicación va a exigir un mínimo sacrificio de su privacidad como contraprestación. Lo deseable es que seamos nosotros, al menos inicialmente, quienes controlemos qué aplicaciones se descargan, de qué tipo y, sobre todo, su procedencia. De vez en cuando debemos hacer un visionado superficial de las *apps* que tiene instaladas, directamente desde el apartado «aplicaciones» del móvil, no desde el escritorio, porque alguna puede permanecer oculta. Después, eliminaremos aquellas que no conozcamos o que nos infundan sospechas.

Recurriremos a las «tiendas virtuales» oficiales de Apple o Google Store o webs de confianza. Todas nos pedirán que aceptemos unas mínimas condiciones de uso a cambio de su privacidad, y controlaremos las que nos exijan acceder a funcionalidades no necesarias para su instalación y funcionamiento.

Por otro lado, evitaremos la descarga indiscriminada y valoraremos si es realmente necesaria y merece la pena, porque hay algunas que para obtener cuatro emoticonos solicitan a cambio muchos permisos de acceso a información personal.

¿Qué ocurre si alguna aplicación modifica el funcionamiento del móvil?

Debemos desinstalarla. Si aun así el problema no se soluciona, existen programas *antimalware* versión móvil que nos avisarán y bloquearán el proceso de instalación de *apps* de dudosa legitimidad. Si el móvil se ha vuelto loco con procesos inesperados que impiden su uso habitual, como solución drástica podemos restaurarlo a los valores de fábrica. El dispositivo volverá al estado inicial de cuando lo compramos, pero, antes de hacerlo, debemos asegurarnos de que los *backups* (copias de seguridad) de la información que contiene están al día. Y, por supuesto, mantener el sistema operativo actualizado.

¿Podemos gestionar los permisos de las aplicaciones?

No. Si no autorizamos el acceso de la aplicación a la información requerida, esta no nos permitirá continuar con el proceso de instalación salvo que hayamos adquirido un dispositivo *rooteado* de segunda mano (sin la configuración que traen de fábrica), solo apto para usuarios más avanzados.

Después de la instalación, podremos activar o desactivar ciertos permisos, pero la *app* ya habrá abducido la información que contenía el móvil de nuestro hijo durante la instalación.

16. ¿Qué es el *livestreaming* o las grabaciones en tiempo real?

«Ni Periscope ni hostias, un tío con la polla al aire... Pero ¿qué te crees? Me tienes quemadísima..., quemadísima. Como te metas en el Periscope mañana, verás. No puedo con la mierda de los móviles».

Este vídeo se hizo viral cuando una menor fue sorprendida por su madre en su habitación con otra amiga emitiendo una sesión de vídeo de Periscope en *streaming* (vídeo en tiempo real) desde Twitter. La madre le arrebató el móvil de las manos a su hija, pero la tragicomedia casera se siguió grabando mientras la pobre señora se lamentaba amargamente de la existencia de los teléfonos móviles. La situación tardó muy poco en reproducirse millones de veces en la red para regocijo general por ser fiel reflejo de una, de muchas, situaciones que se viven en las casas.

Pero en realidad esconde un duro contexto: niños que se graban y difunden cualquier tipo de contenido por las redes sin que sus padres lo sepan.

Son cada vez más las fotos y los vídeos protagonizados por personas que se graban en un momento determinado que se difunden por la red. No tendría importancia si fueran escenas de jóvenes explicando ecuaciones, pero lo cierto es que exponen su intimidad o toman imágenes de duras escenas de vidas ajenas, con lo que ponen en riesgo su propia integridad, porque su objetivo es captar el momento impactante que mostrar a los demás para ser objeto de noticia y protagonista por un día.

Gente que se graba saltando entre edificios sin ningún tipo de protección, que se encuentran apenas a unos metros de un tiroteo o un acto terrorista... Pero ahí están, grabándolo todo con manifiesto desprecio por su vida o sin socorrer a los que lo necesitan aun pudiendo hacerlo. Todo por recoger escenas impactantes que compartir por la red, no solo exponiendo su propia vida, sino incluso sin percatarse de que podrían estar cometiendo un delito de omisión del deber de socorro o vulnerando el derecho a la propia imagen, dignidad e intimidad al grabar a otras personas.

Hoy en día, redes sociales como Facebook Live, Periscope, YouTube o Snapchat incorporan la opción de grabar y publicar vídeos en directo, una práctica cada vez más extendida que está ganando terreno entre las nuevas generaciones porque, para estas, lo visual siempre es más impactante. En efecto, nuestro cerebro piensa y codifica en imágenes y le resulta más cómodo y dinámico consumir información bajo este formato. Y el mercado del *software* lo sabe.

Actualmente, cualquiera puede ser testigo de actos violentos y terroristas y grabarlo, y, gracias a estas grabaciones difundidas por redes y medios, podemos conocer de primera mano el terror que viven las víctimas en el lugar de los hechos, pero el *livestreaming* está también llegando a comprometer seriamente la intimidad de las personas. Ya no importa el contenido de la retransmisión, lo que se busca es fardar con los colegas y conseguir esos absurdos *likes*.

En ocasiones nos han llegado peticiones de diversas asociaciones, de la Fiscalía, del Defensor del Pueblo o del Menor, para que estudiáramos el tipo y la licitud de esos contenidos y si era posible proceder a su retirada, pues, en la gran mayoría de los casos, para la difusión de esos contenidos hace falta un consentimiento que no tenemos, lo cual podría generar consecuencias legales.

Por otra parte, a diario se suben gran cantidad de contenidos nocivos (violencia, autolesión, muertes, decapitaciones, porno, etcétera) a las redes, no ya en la *deep web*, sino en aquellas más accesibles al público en general, por más que desde estas plataformas se intente frenar esta tendencia. Con todo, es materialmente imposible impedir que se suban estos contenidos o eliminarlos en cuanto aparecen, o incluso que la policía pueda tener conocimiento de todo lo que ocurre en la red.

Por eso siempre digo que los mejores ojos son los del ciudadano: los padres debemos ser conscientes de la mentalidad de las nuevas generaciones, de su necesidad de exponerse y de grabar todo lo que encuentran.

Por eso, como adultos, no solo debemos evitar que los menores arriesguen su integridad física, sino que publiquen vídeos y fotos donde aparece su imagen o la de otras personas anónimas (sobre todo menores), ya que esto podría exponernos, como padres y representantes legales del menor, a una demanda o denuncia en un juzgado si las personas que aparecen en el contenido publicado estiman vulnerados sus derechos e inician acciones legales.

Además, si estas grabaciones se producen en un entorno escolar, podrían derivar, incluso, en acoso.

Los vídeos virales con contenido impactante, sexual o violento sirven para normalizar e integrar la agresión como algo habitual en nuestra vida, lo que disminuye nuestro grado de tolerancia a hechos que menosprecian gravemente la dignidad e integridad de las personas. Si, además, un contenido de este tipo se viraliza y alcanza repercusión mediática o social, puede provocar «conductas imitativas».

Por todo esto no debemos permitir que nuestros hijos consuman este tipo de vídeos virales o que estos lleguen a su móvil. Nuestra tarea es hacerles entender que puede tener consecuencias negativas y que, una vez publicados en Internet, no existe posibilidad de borrar estos vídeos. Pero, además, los menores deben avisarnos cada vez que reciban uno de estos vídeos. En cuanto lo hagan, debemos borrar ese contenido y, por supuesto, no compartirlo con otros padres. Se trata de predicar con el ejemplo.

17. ¿Qué indicaciones tengo que darle para que tome precauciones mientras chatea con otros usuarios?

La tecnología ha facilitado la vida, y mucho, al depredador sexual. Si antes debía buscar la cercanía física de los niños con las más variopintas actividades y profesiones, ahora solo tiene que registrarse con un perfil falso y empezar la caza.

Antaño, estos delincuentes utilizaban los chats privados, pero hoy en día su forma de actuar es mucho más sencilla: se ocultan en las redes sociales con perfiles falsos, usan fotos de otros menores, obtenidas sin permiso, para hacerse pasar por ellos y ganarse la confianza de sus víctimas y después tratan de quedar en persona para satisfacer sus fines sexuales. La recompensa que ofrecen a cambio de quedar son dinero, móviles, juegos o cualquier premio atractivo para un niño.

Que una aplicación o programa permita crear lazos familiares con cualquier desconocido dentro del desarrollo del propio juego hará que cualquiera pueda crear anzuelos disfrazados con excusas del tipo «sé dónde existen criaturas o poderes» para atraerlos hacia ellos.

Para evitar esto, debemos supervisar la actividad de nuestros hijos en el momento del registro y, en cuanto descubramos que alguno de nuestros hijos está chateando con usuarios que pueden esconderse tras la minoría de edad, deberemos tomar las riendas de la conversación y reportar el perfil a los administradores: si la propia aplicación detecta que alguno de sus usuarios no cumple sus requisitos, cancelará su cuenta.

También es conveniente preguntar sutilmente de vez en cuando a nuestros hijos con quién hablan, de qué temas, si han conocido a alguien en los últimos días, etcétera.

Y, por supuesto, advertirles de que, si reciben alguna sugerencia de recibir o mandar archivos como fotos o vídeos personales, han de pedir antes autorización o avisar de ello.

18. *Egosurfing*. OSINT o búsqueda de información sobre nuestros hijos para controlar su exposición en la red

«OSINT» es un término de moda, y, al respecto de este, quiero compartir una pequeña anécdota: cada año imparto un curso para el Grado de Criminología en la Universidad Complutense; nada más comenzar el curso, tengo por costumbre pedir a mis alumnos que me proporcionen voluntariamente algunos de sus datos personales, como el *e-mail* y la cuenta de Twitter.

Es cierto que cada año, no sé si por conciencia o miedo, el número de voluntarios dispuestos a facilitarme esta información es menor, pero el caso es que, sean los que sean, con esos dos simples datos yo después me dedico a obtener información mediante técnicas de OSINT (las iniciales de *open source intelligence* o inteligencia en fuentes abiertas) a través de fuentes públicas accesibles a cualquier internauta de la red.

Me lleva un buen rato realizar una búsqueda meticulosa y dedicada de todos, pero el caso es que poco a poco consigo ir recopilando cuanta información hallo de cada uno de ellos. Después de esto, a modo de ejercicio, les enseño a conocer las herramientas de análisis de información procedentes de Internet y el modo en que, con solo dos simples datos públicos de una persona, se puede comprometer su privacidad.

Nunca dejará de sorprenderme la alegría con la que ciertos usuarios hacen publicaciones y dan información personal sin antes configurar los aspectos de la privacidad y la seguridad, como ya hemos recomendando.

Por ejemplo, una de las alumnas no había desactivado la localización de Twitter, así que la aplicación recogía su posición cada vez que publicaba algún comentario, por lo que se podían establecer e inferir una serie de rutinas y lugares que, en malas manos, podrían comprometer seriamente su seguridad personal. De hecho, el geoposicionamiento es un factor de control entre parejas y exparejas que suele acabar mal porque, de hecho, cuando nuestros pasos son controlados por un tercero, esta persona no acostumbra a hacerlo con buenas intenciones, algo que se puede evitar con una simple comprobación: «Localización desactivada».

Con menores la cosa cambia: muchos padres deciden mantener la ubicación de sus hijos activada, pero tenemos que saber distinguir entre la ubicación que requieren determinadas herramientas de control parental y la que solicita una red social, porque son diferentes. Además, también hemos de tener en cuenta que ciertas herramientas de búsqueda de información pública pueden dar muchas pistas sobre localizaciones y rutinas con objetivos perversos.

Por otra parte, y a diferencia de lo que nos ha ocurrido a los adultos, nuestros hijos han comenzado a exponerse a edades muy tempranas en Internet. Las redes sociales son las causantes de esta exposición, y algunos llegan incluso a volverse adictos a la retroalimentación que reciben del resto con comentarios y adulaciones, y sienten la necesidad de publicar más y más para buscar constantemente la aprobación del resto. Por todo esto, resulta necesario dedicar algunos minutos a revisar qué han publicado nuestros hijos en la red para comprobar si alguna de estas publicaciones puede comprometerlos. Se llama *egosurfing* (navegar sobre uno mismo) y todo el tiempo que pasemos supervisando la imagen digital que van dejando nuestros hijos en la red estará muy pero que muy bien invertido.

19. ¿Cómo de expuestos están nuestros menores?

La red no es mágica, sino práctica y útil, y tan versátil que podemos encontrar muchas utilidades que nos harán la vida más cómoda. Pero la ingeniería social y la forma en la que «los malos» idean sus métodos de engaño también son infinitas.

Las redes sociales son la principal fuente para la captación y el seguimiento de víctimas de acoso, y pueden ser usadas con fines oscuros en combinación con otras técnicas y herramientas útiles para la obtención de información de la red. Para evidenciar hasta qué punto pueden llegar a ser perversos estos engaños, he seleccionado un caso que investigamos en una ocasión.

Hacía un tiempo que Rosa (nombre ficticio), de dieciséis años, tras mantener una relación de unos meses con un chico mayor de edad, había cortado con este debido al control al que era sometida. Las discusiones diarias por saber con quién había estado durante el día eran continuas y el acceso no consentido al móvil y a su cuenta de correo rompieron finalmente la relación. Aunque no hubo denuncia, los hechos eran constitutivos de delito contra la intimidad y habrían podido ir a mayores.

A los pocos meses, Rosa creó un nuevo perfil en Facebook. Salía con las amigas y publicaba fotos de sus fines de semana. Conoció amigos nuevos y su vida social se empezó a adaptar a la nueva situación. Poco después, uno de sus contactos en Facebook, Natanel, a quien no conocía en persona, aunque habían hablado por el chat, empezó a manifestar un comportamiento extraño porque, aunque no hablaban mucho, sabía más de lo debido. Rosa empezó a sospechar: «¿Por qué sabe que este fin de semana he estado en las fiestas de San Mateo si no se lo he dicho?». Decidió no prestarle más atención, pero parecía como si se conocieran de toda la vida.

Dado sus antecedentes, los amigos de Rosa le aconsejaron que revisara sus opciones de privacidad para evitar que su antiguo novio pudiera controlarla. Rosa había aprendiendo a configurar las opciones de privacidad para minimizar la posibilidad de ser encontrada: utilizaba un apodo en vez de su identidad real y había creado una cuenta de correo nueva asociada a su perfil de Facebook para evitar que la red social pudiera vincularlo al correo antiguo por la importación o sugerencia de «nuevos amigos». Por supuesto, Rosa también sabía que las opciones para poder ser buscada a través del correo electrónico y del número de teléfono debían estar deshabilitadas en todas las redes sociales que usara, y el posicionamiento, tanto del móvil como de la propia red social, también estaba deshabilitado. Rosa había hecho muy bien los deberes, y sabía que Google registra todos los accesos a las cuentas de Gmail, y que las redes sociales Facebook y Twitter permiten que ciertas aplicaciones de libre uso recopilen información sobre la ubicación en el momento en que se usan para publicar un comentario o un tuit.

Pero el tiempo pasaba y cada semana las conversaciones con su perfil anónimo continuaban hasta largas horas de la noche. En una de ellas, Rosa le habló de su relación anterior y Natanel hizo un comentario que no debería haber conocido.

Al día siguiente, y con un buen mosqueo, Rosa acudió a un amigo, que le aconsejó descargarse una copia de la información de su perfil de Facebook para obtener los accesos a su cuenta, pues Facebook, Twitter y Google ofrecen esa posibilidad en sus opciones de seguridad y privacidad y te envían un *e-mail* con parte de la información almacenada sobre el usuario que lo solicita, incluidas las direcciones IP de los accesos. Es una opción muy útil para detectar intrusiones ajenas en caso de sospecha.

Bien, había varias direcciones IP diferentes a los registros habituales de la conexión de Rosa que apuntaban fuera de la provincia en la que vivía. Los datos del navegador que usaba eran diferentes. Todo era muy extraño. También revisó la «configuración de seguridad» de su perfil y comprobó que las «alertas de inicio de sesión» estaban deshabilitadas, por lo que no recibía ninguna notificación si otro usuario accedía a su cuenta. Tal como hemos aprendido, se puede activar, pero ¿cómo es posible?

Otro de sus amigos revisó sus conversaciones a través del chat de Facebook. *Voilà!* Su amigo averiguó que en una de las conversaciones Natanel le había mandado un enlace a una web maliciosa camuflado a través de lo que se denomina una URL (una dirección web) acortada (fórmulas para acortar direcciones de webs de modo que no se vean tan largas o su origen inicial) y, a su vez, este enlace le dirigía a una web similar a la de Facebook, con su misma apariencia.

¿Para qué llevó a cabo Natanel esta argucia? Para que Rosa, al creer que clicaba sobre la web original, introdujera sus claves de Facebook y Natanel pudiera obtener las contraseñas de su perfil y leer toda la información que guardaba en sus conversaciones. Esto es lo que se denomina *phishing* (en inglés, «pescar») dirigido, un término que hace alusión a que «los malos» «pescan» la información de sus víctimas con este tipo de engaños subrepticios.

Tal vez pueda parecer que la historia de Rosa es un caso excepcional, pero el *phishing* es más común de lo que pensamos, aunque en su mayoría no suele ser dirigido. El problema de este tipo de acciones es que las víctimas no se percatan del origen del engaño y, además, es difícil de detectar.

Ahora vayamos con las advertencias: si nuestros hijos sufren un robo de información personal, contraseñas o alguna estafa, debemos acordarnos de este tipo de ataques dirigidos contra personas concretas y buscar su origen tiempo atrás, preguntarles sobre su entorno, sobre personas que hayan conocido recientemente con las que se hayan relacionado y revisar su historial de conversaciones y mensajes de correo.

20. ¿Puedo espiar a mi hijo?

Ya hemos hablado de la necesaria supervisión y control de la actividad de los menores y, por eso, es posible que muchos de nosotros nos veamos tentados, si no lo estamos haciendo ya, a saber todo lo que hacen y comparten nuestros hijos en Internet, incluso hasta el punto de haber instalado «aplicaciones espía», al más puro estilo CIA, para controlar cada pulsación de sus teclados. No vamos a entrar en si este es el modo más adecuado de actuar, sino solo en si estas artes espiatorias son legales.

Todos los peligros y el lado oscuro de la red justifican que los padres queramos estar al tanto de las publicaciones y los contenidos que comparten nuestros hijos; es normal sentir temor, preocupación y cierta ansiedad al no saber qué están haciendo, o con quién, y qué publican.

Dentro de la esfera de intimidad del menor, existe una línea de intensidad: el deber de supervisión y la protección de los padres, y dentro de cada hogar hay muchas formas de poner en práctica ese control, desde quienes le dan una tableta o móvil para «que no haya niño en casa y se entretenga» al «quiero saber TODO lo que hace mi hijo».

Un excesivo temor puede hacernos optar por el uso de aplicaciones espía, lo que supone un control absoluto para saber lo que hacen en todo momento y disponer de sus contraseñas de acceso a las redes sociales y su correo electrónico, poder leer las conversaciones de WhatsApp, escuchar los mensajes de audio, etcétera. Si los menores lo saben y están de acuerdo con estas prácticas, adelante.

El problema viene cuando no les gusta tanto esa idea. Entonces nos vemos tentados a obtener esta información sin su conocimiento ni consentimiento, y esto, amigos, supone una violación del derecho al secreto de las comunicaciones así como al de las personas con las que nuestros hijos se comunican.

Se ha escrito mucho sobre si los padres tienen derecho a vulnerar la intimidad de sus hijos menores con el fin de controlar qué hacen o no en Internet. Como todo, una cosa es la teoría y otra la práctica.

Seguro que mi madre no era la única que aprovechaba cuando yo no estaba para registrar mi habitación y leer las cartas que guardaba convenientemente escondidas, o abría —y sigue abriendo, mamá, toma nota ;P— las que recibía por correo postal, a pesar de que nunca tuve problemas en clase y mis calificaciones eran muy buenas.

Vivir sometidos a este control injustificado es doloroso y genera desconfianza. Los padres acaban convirtiéndose en figuras autoritarias y controladoras en quienes los hijos no confían, y, si no hay diálogo entre hijos y padres para establecer límites claros entre lo que está permitido y lo que no, cualquier hecho se esconderá por temor a represalias.

Nuestros hijos tienen derecho a su intimidad y cualquier vulneración no se justifica por el hecho de ser sus padres o tutores, porque, además, desde 1996 tenemos una Ley de Protección Jurídica del Menor que expresamente dice que en nuestro país los menores tienen derecho a la intimidad personal, la inviolabilidad de la correspondencia y el secreto de las comunicaciones, y esto afecta, por supuesto, a los componentes electrónicos. Así, nuestros hijos menores tienen tan garantizado por ley su derecho a la intimidad como cualquier mayor de edad.

Pero supongamos que, pese a todo, estamos dispuestos a acceder al contenido de la información personal aunque no estemos legitimados para ello. En ese caso, en la red existen múltiples opciones para instalar un «*software* espía», que no es más que un *keylogger*, un programa que registra todas las pulsaciones, o un «troyano», que nos permitiría recibir de forma remota la actividad de los móviles de nuestros hijos en una aplicación de control.

Pero insisto: esto va más allá de la supervisión y vulneraría su intimidad.

Lo deseable sería monitorizar la actividad de nuestros hijos con su conocimiento y, mejor aún, con su consentimiento, pues no tardarán en buscar en su móvil y descubrir nuestra estrategia. Algunas de estas aplicaciones de monitorización son muy sofisticadas y sigilosas y pasan inadvertidas, pero a la larga, al actualizarse, exigirán permisos o aparecerán notificaciones inesperadas que pongan sobre aviso al espiado, y será entonces cuando ellos comiencen con sus labores de contravigilancia *millennial*.

Otro factor disuasorio a tener en cuenta, por si la vulneración de sus derechos fundamentales no bastara como argumento, es el coste de este tipo de *software*, que varía entre los cuarenta y los doscientos euros en función de diversos factores, como el tipo de monitorización, las funcionalidades, el tipo de registros de los que hace el seguimiento, el número de dispositivos en los que esté instalado y los dispositivos desde los cuales se pueda seguir la actividad, ya que puede optarse por un seguimiento desde el PC de casa o con el propio móvil.

Sea como sea, a la hora de contratar estos servicios debemos desconfiar de *softwares* «gratuitos», porque, si en realidad hacen ese tipo de labores, nadie nos lo va a ofrecer gratis. Es más, si alguna web o servicio nos ofrece bajo esa apariencia un programa «gratis o *free*», en realidad se tratará de webs reclamo que esconden servicios de suscripción a sistemas de alerta, mensajería a noticias o, simplemente, una estafa. De espía a estafado, no está mal.

Por otra parte, si todas mis advertencias han servido de algo y decidimos respetar esta línea y descartarnos por el momento como agentes de la CIA, aun así debemos estar al tanto de que sí que hay casos en los que los padres están habilitados para entrometerse en la intimidad digital de sus hijos.

Y es que para la ley la situación cambia cuando el radar de los padres, en su labor de vigilancia y cuidado, detecta que su hijo puede ser víctima de algún delito que hace que su comportamiento se torne extraño, inusual o sospechoso.

Este fue el caso, de hecho, de una madre que contaba con la clave de acceso a la cuenta de Facebook de su hija menor y constató así que su hija había entablado una relación con un depredador sexual que finalmente fue condenado por delito de abusos sexuales y exhibicionismo. La defensa del acusado quiso echar por tierra parte de las pruebas presentadas, y para ello alegó que la madre había obtenido el material probatorio vulnerando el derecho a la intimidad de su hija menor tras acceder a su cuenta de Facebook de forma no consentida.

En este caso, el tribunal dio por hecho que la madre no había utilizado «subterfugios o métodos de indagación informática que permitiesen su descubrimiento al margen de la titular de la cuenta (su hija), sino que fue a través de una comunicación voluntaria», y justificó la legalidad de la conducta de la madre como un ejercicio de su patria potestad. Es decir, no como ejercicio de poder, sino como función de defensa y protección de la menor.

Y es que la madre, ante los signos claros de que su hija estaba siendo víctima de una actividad presuntamente criminal, actuó bajo el deber de velar por ella que le asigna la legislación civil, y es que la ley no puede obligar a los padres a velar por sus hijos menores y, al mismo tiempo, desposeerlos de toda capacidad de controlarlos en casos como este, en el que las evidencias apuntaban inequívocamente a que su hija estaba siendo víctima de un delito. Además, en este caso, el delito se seguía cometiendo y el objetivo prioritario era hacer que cesara.

Pero, ojo, como detalla la sentencia del Tribunal Supremo, en el caso de que no hubiera habido una justificación a esta intromisión a la intimidad de la menor, la obtención de la prueba habría sido ilegal y el acceso a su cuenta, por tanto, no habría estado justificado: se habría cometido un delito contra la intimidad o el secreto de las comunicaciones.

Así que, una vez más, ¡mucho cuidado con este tipo de control!

21. Espionaje casero: las pistas que tienes que seguir para saber si alguien te hace una «contravigilancia digital en casa»

Nuestros hijos pueden tener curiosidad por acceder a nuestras carpetas, recopilar información sobre nosotros, leer nuestras conversaciones privadas e incluso anotar contraseñas y otra información confidencial que deba estar bajo llave en casa. Sí, me refiero a menores con vocación de espías.

Porque, desengañémonos, no solo es que hagan esto, sino que saben hacerlo sin que nos percatemos de que nos espían. Y es que ¿quién nos dice que esta información no puede ser de interés para ellos? Lo es.

Pero no nos alarmemos: existen formas para descubrirlos si sospechamos que están accediendo a nuestra información personal; solo es cuestión de hacer unas comprobaciones prácticas para detectar su actividad y seguir las pistas que dejan.

Si al ponernos con nuestra actividad digital en casa empiezan a salirnos ventanitas del *Clash Royale* o lo primero que hace nuestro ordenador es reproducir un vídeo de un *youtuber* sobre cómo hacerse minitrenzas en el pelo, tenemos un miniespía poco precavido y será cuestión de recordarle las normas sobre el uso de los dispositivos durante el tiempo que tenemos negociado o de la forma negociada. La cuestión es advertirle de que, más allá de la mera actividad de entretenimiento, está accediendo a información personal de contenido sensible sin que nos enteremos y eso, en el futuro, puede derivar en problemas como cargos inesperados o acceso a contenido comprometido que no debe conocer.

También es probable que en alguna ocasión hayamos tenido la sensación de que nuestro PC personal, el portátil o el móvil no estaban donde los habíamos dejado. Es más, estamos segurísimos de que lo habríamos dejado en suspenso, no apagado (o al revés)... Primera comprobación: acostumbrémonos a dejar los dispositivos en el mismo lugar o estado, ya sea apagados, en suspensión, con determinadas ventanas abiertas, etcétera. Dejémosles miguitas de pan y esperemos.

No obstante, antes de ponernos a buscar *keyloggers,* analicémonos a nosotros mismos: ¿somos de los que no establecen ningún tipo de seguridad para acceder a su equipo? ¿Tenemos las claves apuntadas en un pósit en el corcho o en la libreta del cajón? Entonces nuestro miniespía lo tiene tan fácil como sentarse delante de nuestra pantalla y empezar a enredar.

En todo caso, no está de más saber que cualquier sistema operativo dispone de unos *logs* o registros en los que se anotan los cambios realizados en su sistema. Algún día nuestro espía puede dejar rastros físicos en tu ordenador, como haber conectado un dispositivo externo, un móvil, una memoria USB, etcétera. Todas las acciones importantes que tienen lugar en un equipo, como el inicio de sesión, por ejemplo, quedan registradas, y también las aplicaciones ejecutadas, los recursos de red y los procesos en ejecución.

Lo más probable es que nuestro espía haya accedido a aplicaciones web, por lo que será clave comprobar la caché (memoria de sitios de Internet a los que se accede con frecuencia) y el historial de búsqueda y navegación, que podemos comprobar directamente desde nuestro navegador (Chrome, Firefox, Explorer...). Es sorprendente las pistas que dan los navegadores y lo chivatos que son (suponiendo que nuestros miniespías no sepan borrar sus rastros, claro).

Eso sí, antes de ponernos a buscar y abrir archivos para cazar a nuestro espía, no debemos olvidar que la apertura de cualquier archivo modifica las fechas de acceso a él, lo que impide establecer con exactitud lo que se hizo en el ordenador, de modo que, si lo manipulamos por nuestra cuenta, corremos el grave riesgo de alterar las pruebas. Así que, tanto si somos un usuario experto como si no, nos será difícil comprobar estos accesos y registros. En este sentido, si sospechamos de alta traición, siempre es aconsejable acudir a un experto informático para efectuar al dispositivo un análisis forense.

¿Y cómo saber si hay un keylogger, *un troyano o archivos ocultos?*

Si sabemos examinar los procesos activos en memoria y en ejecución, podemos comprobar si hay algo nuevo y desconocido ejecutándose en segundo plano. Pero, ojo, como acabo de explicar, mejor no realizar ninguna modificación.

También existen programas *antikeyloggers* que detectan su instalación. Para ello exploran todas las unidades de disco duro, unidades extraíbles, memorias, registros, carpetas individuales y monitorizan todas las llamadas que realizan los procesos con respecto al sistema de archivos, por lo que nos van a alertar si existen indicios de que nuestras conversaciones están siendo capturadas mediante un *software*. No obstante, no proporcionan un cien por cien de efectividad.

En todo caso, las alternativas son muchas, aunque tal vez lo más sencillo, si sospechamos que estamos siendo sometidos a contravigilancia, será sentarnos a hablar con el miniespía y preguntarle cómo le va en dichas labores. Es posible que no responda nada, pero que la próxima vez se lo piense.

También es buena idea cambiar con frecuencia las claves de acceso a nuestros dispositivos y, si usamos un PC o un portátil compartido, configurar un usuario diferente para los pequeños de la casa, de forma que no puedan acceder a nuestra misma sesión.

22. He descubierto que mi hijo ha publicado ontenidos lesivos o participa en foros donde se comparte información violenta. ¿Cómo lo gestiono?

Una gran preocupación de los padres es pensar que, tarde o temprano, nuestros hijos se van a topar con webs, foros o chats de temática violenta o nociva. Pero, más aún, que se conviertan en partícipes y consumidores de estos contenidos. Si descubrimos algo así, ¿qué hacemos?

No son necesarios padres coraje que traten de acabar con el foro y se enfrenten a todo aquel usuario que participe en él. Cada internauta es libre y, entre ellos, habrá adultos y jóvenes mayores de edad que pueden consumir y publicar libremente lo que les venga en gana. Como mucho, podemos considerar reportarlo a los administradores, para moderar los contenidos y aquello que directamente nos afecte. En el mejor de los casos, puede que hasta sea retirado, pero en la gran mayoría lo más probable es que estos contenidos permanezcan ahí para el resto de la historia de la humanidad mientras sean susceptibles de generar opinión, actividad y atraer visitas.

Ante todo, tenemos que tratar de entender, aunque no estemos de acuerdo, que en Internet, como en el mundo físico, no todo lo deleznable, despreciable o potencialmente dañino es delictivo. Existen contenidos tóxicos o nocivos debido al impacto moral que pueden generar en las personas, sobre todo menores, en pleno proceso de configurar su personalidad y adquirir valores, pero que no son punibles.

La gran pregunta es: ¿por qué la red alberga estos contenidos?

Todos hemos oído expresiones como «apología de la violencia», «apología del delito» o «incitación al delito o a la violencia», que tratan de criminalizar contenidos moralmente discutibles, pero, en ningún caso, delictivos. No podemos apelar a la primera de cambio a la intervención del derecho penal y, por tanto, a imponer sanciones que conllevan penas privativas de libertad para justificar una respuesta a lo que nos parece moralmente reprochable. Esperar que el Código Penal tenga respuestas para todo y actúe como una medida censora no es la solución más acertada y práctica para los tiempos que corren.

Que ciertos usuarios publiquen contenidos nocivos o gestionen foros y chats de este tipo, por ejemplo, en el caso de la anorexia y de la bulimia o de posibles conductas suicidas y autolesivas, tiene que ver con su pretensión de conectar con personas que piensen o actúen como ellos. Buscan que su mensaje se normalice e integre en la sociedad como una conducta natural y no como un comportamiento potencialmente lesivo. Y, por muy en contra que podamos estar, la libertad de expresión es un derecho que protege estos contenidos, y, además, la forma adecuada de luchar contra ellos o de pretender erradicarlos no es, precisamente, su criminalización.

La moderación de foros no siempre mantiene unas normas éticas al gusto de todos. Lo entendemos mejor si nos olvidamos de consideraciones morales y ponemos otros ejemplos de libertad de expresión como los contenidos de violencia extrema que muestran ejecuciones, pornografía, gore, etcétera. Si obviamos al consumidor morboso o curioso, el administrador que mantiene activas estas webs y foros busca atraer a cierto tipo de público. Da igual si los contenidos son espeluznantes o extremadamente duros; lo importante para estos administradores es recibir visitas, generar tráfico y ganar dinero con la publicidad. La red es un negocio y, a pesar de lo horripilantes que puedan ser publicaciones sobre anorexia o vídeos con ejecuciones, desgraciadamente tenemos que convivir con ellos.

Evidentemente, las redes sociales más conocidas no permiten que se publiquen y difundan contenidos de este tipo, y en el momento en que se detectan se puede reportar a la red social para que los retire, aunque existe la posibilidad de que ese mismo contenido descartado aparezca de nuevo en el mismo servicio o en uno similar.

Y es que, sean accesibles o no a través de los buscadores, hay administradores webs que, estén o no de acuerdo con la moralidad de estos contenidos, tienen claro que su objetivo es generar visitas y mercadean con ellos. Para saber más de este tema os recomiendo un libro, *Spam Nation*, de Brian Krebs, en el que se narra cómo funcionan las mafias que cometen estos negocios cibercriminales y cómo los propios administradores o generadores de contenidos tóxicos, el mercado del ciberfraude, las infraestructuras técnicas y los servidores eluden responsabilidades judiciales o solicitudes policiales de retirada. Aunque hay formas de hacerlo.

Hace trece años llegó a mis manos una petición de la Fiscalía General del Estado en la que se solicitaba una investigación para determinar la ilicitud de una web con contenido pro-Ana y pro-Mía (proanorexia y probulimia). Me quedé anonadada al leer los comentarios que hacía una chica de catorce años para convencer a las adolescentes de su edad de que comer era perjudicial para la salud y que debían evitarlo a toda costa. Además, proporcionaba consejos para engañar al entorno y fingir que no se sufría ningún trastorno alimentario, y facilitaba enlaces a otras páginas similares. Llegué a identificar en una semana más de cuatrocientos blogs solo en el servicio de bitácoras de Google con el dominio blogspot.com.

Aunque debemos asumir que este tipo de contenidos no van a dejar de existir, horroriza comprobar lo accesibles que son y lo dañinos que pueden llegar a ser para un menor que sufre algún tipo de acoso, complejo o sentimiento negativo por su peso, y cuesta creer que se encuentren tan a mano en servicios tan reputados como Blogger... Pero no es porque en estos servicios se permitan: de entrada, es imposible que proveedores de la envergadura de Google tengan constancia de todos los contenidos que alojan sus plataformas. No hay ojo humano ni máquina que pueda controlarlo todo, y, aunque para ello se estén implementando continuamente mecanismos de monitorización y detección por palabras claves, es difícil detectarlos porque existen miles de blogs que incluyen referencias a temáticas controvertidas y que no son nocivos, sino todo lo contrario. Además, reportar al servicio, estudiar si su contenido es inadecuado y después proceder a la retirada no es suficiente y puede generar controversia, ya que puede ser considerado como censura. Y es que Internet es un fenómeno mundial y los juicios de valor sobre la moralidad de los contenidos varían dependiendo de las personas, las cláusulas impuestas por los proveedores de servicios o el país en el que nos encontremos. Lo que para algunos puede ser censurable para otros puede estar amparado por la libertad de expresión.

Por otra parte, técnicamente, si muchos de estos contenidos siguen publicados es porque, si un blog es eliminado, su titular puede abrir otro igual en cuestión de minutos tras un mínimo proceso de registro. Así que, de entrada, solicitar la retirada de estos contenidos o publicaciones sería un primer paso que solo en casos muy puntuales podría funcionar.

Pero ello no es obstáculo para que muchos de estos contenidos, como en el caso de «la ballena azul», impliquen un gran riesgo para los más pequeños.

¿Qué es lo que debemos hacer entonces?

Lo primero será configurar los controles parentales para evitar la búsqueda de determinadas palabras y poner en práctica el resto de los consejos que hemos ido exponiendo a lo largo de estas páginas. Aun así, ya sabemos que estos controles no son infalibles, así que el hecho de que nuestros hijos busquen con ahínco y consigan encontrar la forma de burlarlos esconde un problema de fondo: algo no va bien y las redes son el sitio al que acuden en busca de cobijo.

Lejos de culparlo o castigarlo, tenemos que generar un clima de confianza que le permita avisarnos si se topa con ellos y, en el peor de los casos, averiguar por qué los consume.

23. Mi hijo lo publica todo. El riesgo de la sobreexposición y la cultura del *like*, el *selfie* y los *challenges* (retos)

Cuántas veces habré escuchado la expresión «las redes sociales son como la barra de un bar». Pero no, porque las diez, veinte o cien personas que pueda haber en un bar no tienen comparación con los cuatro mil millones de usuarios de Internet en el mundo, casi el sesenta por ciento de la población.

Y es que con solo mencionar esa brutal cifra se hace evidente que su alcance no es comparable con el de un comentario inapropiado, una foto con un contenido desafortunado o un contacto personal precipitado en un bar.

Desde que pulsamos el botón «publicar» o «enviar» en una aplicación perdemos el control de este contenido. Es un proceso irreversible y no importa si se trata de perfiles cerrados, grupos reducidos o, incluso, una relación personal. Lo único que podemos saber con certeza es a quién va dirigido, pero no con quién será compartido, por más que mediante la configuración de las opciones de privacidad se pueda limitar el acceso a desconocidos, porque esto no impide la difusión de esa información por terceras personas.

Entonces, ¿por qué damos en las redes sociales tantos detalles de nuestra vida personal o profesional que podrían llegar a comprometer nuestra privacidad y seguridad? Egocentrismo, soledad, baja autoestima, temor social..., son muchos los motivos por los que confundimos las fronteras entre el ámbito privado y el público.

¿Y a quién pertenece toda esa información desde el momento en que se publica? A las redes sociales. Es lo primero que aceptamos al registrarnos.

Estas redes sociales nos permiten abrir una cuenta con nuestro nombre y nos facilitan el alojamiento y todo el soporte técnico para gestionarla. La mayoría de los proveedores de estos servicios gratuitos están ubicados en los Estados Unidos o fuera de nuestro país, y, si nuestro comportamiento en la red no se ajusta a sus políticas de uso, nuestra cuenta, por decisión de la propia red, es suspendida. De este modo, se da el caso curioso de que tenemos derecho a la intimidad y a la privacidad, pero los datos personales que hemos cedido o publicado pertenecen a una red social que está fuera de nuestro país y, por tanto, no sujeta a nuestra legislación y con poder para decidir sobre publicar nuestra información y qué hacer con ella.

Vivimos en una época en la que valemos lo que exponemos, y vendemos públicamente información que no tenemos bajo control, de modo que asumimos riesgos gratuitamente. Se denomina sobreexposición o, como se diría en inglés, *oversharing*, a las consecuencias de publicar excesiva información sobre nuestra vida y dar detalles que no son de interés ajeno, aunque así lo creamos.

El mayor riesgo potencial y objetivo del *oversharing* lo constituyen los menores, que sobreexponen su imagen e información personal de tal forma que se han convertido en el cebo perfecto para ciberestafadores y depredadores sexuales. Son los más débiles por su falta de experiencia e ingenuidad, pero no porque sean ellos los únicos que asumen riesgos, ya que los adultos lo hacen tanto o más.

Estamos generando una huella digital muy potente por la propia dinámica de indexación de los buscadores, la dinamicidad y complejidad de la información, la curiosidad humana, nuestro propio comportamiento, la ubicación de los proveedores de servicio y alojamiento, el *cloudcomputing* (alojamiento en servidores ajenos, en la nube), el tratamiento de las aplicaciones móviles y por una lista interminable de razones. Ya desde pequeños, con las primeras interacciones, las redes están consiguiendo que perdamos el control absoluto de lo que publicamos.

Y puede que algún día olvidemos que enviamos una foto íntima a un desconocido, pese a que luego fue compartida por todos los compañeros del instituto y se generaron cientos de comentarios despectivos hacia ella en Facebook, pero Internet nunca olvidará ese error.

Entonces, ¿cuál es el mejor consejo para garantizar su privacidad? Concienciar a los hijos de que no publiquen lo que no quieran que se sepa o pueda afectar a la esfera de su intimidad.

El fenómeno de la exposición en la red empieza a ser preocupante, y no es para menos. El caso más extremo sucedió en junio de 2017 y consistió en el asesinato a sangre fría de un menor de edad por dar *like* a una foto en la que aparecía otro joven —que en teoría era amigo suyo— con su novia.

El asesino interpretó que ese «me gusta» significaba que su amigo andaba detrás de su chica y no dudó en coger la pistola de su padre, vinculado a la mafia italiana, y citarse en un descampado con el muchacho para dispararle tres tiros a bocajarro. Y todo por un *like*.

En Rusia, un niño de ocho años se cuelga de la cornisa de una ventana para presumir de hazaña y conseguir *likes*, y promete que volverá a repetir hechos similares si consigue popularidad.

Un padre argelino saca a su hijo de un año y medio por la ventana de un piso alto y asegura que lo tirará si no llega a los mil «me gusta».

Todos estos ejemplos dan vértigo y, desgraciadamente, podría seguir poniendo muchos más, pero tampoco hace falta ir al extremo impactante para que nos demos cuenta de que hemos llegado a un punto en el que se piensa que nuestra valía se mide en función del grado de aprobación de nuestros seguidores. Básicamente, nuestros retos personales no son importantes si no se publican en las redes y obtenemos ese «me gusta» y la aceptación de nuestros seguidores.

Estamos dejando que gente a la que ni siquiera conocemos valore, juzgue o repruebe nuestros logros y, de hecho, realizamos determinados comportamientos o comentarios únicamente con el objetivo de buscar ese reconocimiento.

Los menores de ahora se han convertido en meros consumidores de contenidos visuales. Cuanto más impactantes, más valor.

Y los famosos *selfies*... Me siento afortunada de no haber crecido en la época digital, pues todas esas fotos personales de la época del insti y la universidad, que son entrañables pero terribles, permanecen guardadas a buen recaudo, pero me pregunto qué habría pasado si estuvieran expuestas públicamente en la actualidad, toda mi vida al completo, siempre con un comentario del año catapún sacado de contexto en el que, por ejemplo, nos sentíamos reivindicativos con el sistema. Qué fácil sería rescatarlo de la maraña de nuestro historial para juzgarlo, destruir nuestra imagen y, con ello, nuestro futuro, que tanto nos ha costado construir. Por desgracia, nuestros hijos no van a tener esta misma suerte.

Todos hemos visto en los medios casos de personas despeñadas por acantilados y rascacielos y otras tragedias por culpa de *selfies* y vídeos peligrosos.

También, como policía, he tenido que investigar casos de personas cuyas acciones se habrían quedado en una multa o mera denuncia de no ser porque tuvieron la brillante idea de publicarlas en YouTube u otros canales de vídeo, cavando así su propia «tumba digital», como el chico que se grabó conduciendo desde el asiento del copiloto de un coche y que arriesgaba su vida —y la de los demás— entre camiones por una autovía. ¿Qué necesidad había? Ninguna. Narcisismo e inconsciencia en estado puro.

En la escala de la exposición, las modas y las campañas ideadas por las redes sociales para generar actividad y dinero en publicidad, seguimos con los *challenges* (los retos), mejor cuanto más impactantes. Algunos incluso se disfrazan de causas benéficas, y siempre hay personajes famosos dispuestos a sumarse a ellos.

Entre los más conocidos están el *#MannequinChallenge,* en el que los protagonistas del reto se quedaban completamente quietos (como maniquíes), o el *#IceBucketChallenge,* en el que se echaban un cubo de agua helada encima. Sin duda, todo un reto, claro que sí, sobre todo porque los *hashtags* (palabras que llevan la # junto a una palabra clave de referencia, en nuestro caso, *challenge*) en una red social se cotizan a precio de oro para generar ingresos por publicidad.

Hace nada, en agosto de 2019, leía atónita que el último *challenge* consiste en defecar en la playa o, peor todavía, ¡en las piscinas! Sin comentarios.

¿Qué provocan este tipo de comportamientos y actitudes? Se convierten en ejemplos que se difunden y viralizan por el mundo con total impunidad y que normalizan comportamientos que son incívicos e, incluso, delictivos.

En el *ranking* de los retos que han puesto en riesgo y serio peligro la vida de las personas y, cómo no, con mayor influencia en nuestros menores, encontramos el *#balconing,* en el que los protagonistas se lanzan desde un balcón o terraza a una piscina, el *#TidePodChallenge,* que consiste en comer y cocinar cápsulas de detergente como si fueran chucherías, el *#ShellChallenge,* en el que se debe comer cualquier producto con su propio envoltorio o cáscara (por ser alto en fibra, supongo) o el juego de la asfixia o la muerte, en el que los participantes se inducen el desmayo ahogándose para lograr una supuesta sensación placentera de euforia.

Aprovechando la fama de estos retos virales y su intencionada propuesta publicitaria, hay desalmados que difunden retos crueles y malintencionados con el único objetivo de hacer daño. Pero nuestros menores no distinguen entre unos y otros, ya que para ellos todos son parte de un juego.

Y es que desde el principio de su vida virtual nuestros hijos ya crecen con lo que algunos denominan «la tiranía del *like*», que hace referencia a la esclavitud y presión social que generan las redes por llegar a ser el más guay, un concepto sujeto a la valoración de usuarios desconocidos. Su principal consecuencia es una excesiva sobreexposición, a cualquier precio, lo que pone en riesgo incluso su propia vida, con la consiguiente dependencia del móvil y lo que acontece en Internet.

Algunos niños se convierten en personas verdaderamente influyentes a edades tempranas, y circunscriben toda su vida personal y social al mundo virtual, expuestos al efímero y elevado precio de la fama. Aún me viene a la mente aquellas célebres palabras de la ochentera serie *Fama* con las que la profesora de baile resumía lo que supone la fama: «Buscáis la fama, pero la fama cuesta, pues aquí es donde vais a empezar a pagar: con sudor». Los protagonistas aprendían el valor de la amistad, la confianza, la autoestima, las relaciones interpersonales, la cultura del trabajo y el esfuerzo para conseguir la ansiada fama, pero, treinta años después, el valor de la meritocracia y esa cultura de «la constancia todo lo puede» se han diluido y ahora solo parecen tener importancia los *likes,* los *selfies* y los *challenges.* El sacrificio ha pasado a ser una actitud infravalorada: para qué emplear horas, días y años de trabajo y esfuerzo en hacer realidad los sueños cuando puedes ganar fama y popularidad en horas haciendo sandeces y tomando decisiones absurdas y arriesgadas si con ello llamas la atención.

Por este motivo nuestro control sobre lo que publican y comparten nuestros hijos es fundamental desde el principio. Podemos dejarlos disfrutar de todo lo positivo de Internet sin olvidar enseñarles que no somos lo que publicamos, aunque lo parezca, y que dejamos un rastro o huella digital tan potente que debemos ser muy cautelosos con lo que compartimos con el mundo.

No merece la pena arriesgarse y seguir ejemplos absurdos por conseguir que gente desconocida nos haga un *follow* (nos siga) o nos deje de seguir, porque lo realmente válido es lo que conseguimos por nosotros mismos, que repercutirá en lo que seremos en un futuro. Estos valores siguen estando entre los que nos rodean y no debemos olvidarnos de transmitírselos.

24. Adicciones. Mi hijo no se separa del móvil

Aunque no hay que alarmar, la dependencia de la tecnología no solo es un problema de adultos: que nuestros hijos tengan móviles a edades cada vez más tempranas, como recogen los diferentes informes y estadísticas, nos puede proporcionar unas horas envenenadas de paz y tranquilidad en casa. Una conexión no controlada ni supervisada puede degenerar en conductas adictivas con mayor probabilidad, porque, si damos a nuestros hijos «barra libre» de móvil, de Internet o de videojuegos, corremos el riesgo de criar a niños con adicciones.

Los menores han cambiado la comunicación tradicional por la conexión a YouTube e Instagram para estar al día de sus *youtubers* e *instagramers* preferidos, y los consejos de sus *influencers* favoritos son más interesantes que cualquier serie de dibujos o contenidos para menores. A pesar de tener diez años, se consideran adultos y quieren comportarse como tales.

Si los dejamos, comerán con el móvil en la mesa, y, si no los dejamos, devorarán la comida en diez minutos para volver a sus *celebrities* favoritas. En los casos más extremos, los niños llegan a comer delante de la pantalla, si se acuerdan, y postergan la higiene personal y sus necesidades básicas, y viven en el abandono absoluto con tal de no despegarse de la pantalla, con sesiones maratonianas de veinte horas, noches sin dormir y ausencias reiteradas al instituto.

Una de las limitaciones clave a esta hiperconexión, además del acceso a determinados contenidos, será la **gestión del tiempo**: la adicción se reducirá si controlamos el tiempo de exposición y entregamos el móvil a partir, por ejemplo, de las ocho de la tarde. De esta manera, les permitiremos estar conectados, pero solo durante ciertas franjas horarias. El resto del día es para la familia, los amigos, los deberes, comer, cenar o irse a dormir, porque ninguna de las horas que pasen de más conectados a Internet lo será con fines didácticos, sino lúdicos, ya que a altas horas de la noche, por ejemplo, los amigos de su edad ya no están conectados y la posibilidad de toparse con internautas adultos será mayor, con el consiguiente riesgo.

Por eso, para evitar tentaciones y riesgos innecesarios, lo más efectivo es que nuestros hijos nos entreguen el móvil, y es que el tiempo de desconexión debe ser respetado al máximo. Permitirle irse a la cama con el dispositivo, por ejemplo, tiene todas las papeletas para mandar al día siguiente al colegio o instituto a un niño con insomnio tecnológico que ha estado chateando por WhatsApp o jugando hasta altas horas de la madrugada, ya que, lejos de pensar que el sueño puede llegar a vencerle, los aparatos electrónicos y su estimulación crean una especie de hipervigilancia que impide la inducción al sueño, lo que crea el efecto contrario.

La misma cautela debemos tener si nuestros hijos pasan la noche o días fuera de casa: tenemos que asegurarnos de que los padres bajo los que quedan en custodia son igual de estrictos con esas limitaciones y respetan nuestras reglas.

Según un reciente informe,[2] el ochenta y tres por ciento de los jóvenes españoles de entre catorce y dieciséis años considera que hace un uso intensivo del móvil y las redes sociales,

---

2. De BBVA, Google y la FAD (Fundación de Ayuda contra la Drogadicción).

mientras que un quince por ciento admite que está pendiente del terminal durante las clases.

Como forma de evitar confrontaciones, algunos padres permiten un tiempo de conexión ilimitado. Sus niños se vuelven más retraídos, irascibles y celosos de su intimidad y se dan casos de falta de higiene personal, malnutrición, ausencias en el colegio, bajo rendimiento o fracaso escolar, falta de concentración, sueño, escasez de habilidades sociales, aislamiento social y problemas de comunicación, todos ellos síntomas claros de adicción.

Si desde edades muy tempranas los dejamos decidir cuánto tiempo dedicar a Internet, desarrollarán adicciones difíciles de corregir, y el tiempo que pasan conectados, chateando o jugando en red será un tiempo que no dediquen a sus obligaciones ni a interrelacionarse, lo que afectará a su vida personal.

No debemos temer retirarles el móvil de forma temporal, y no debemos dejar de recordarles que es una herramienta de un alto coste y que su compra no es una obligación, sino un premio, un regalo que puede ser retirado cuando se incumplan las condiciones pactadas.

Si inculcamos estas normas desde el principio y somos muy estrictos con el cumplimiento del tiempo de conexión (los expertos recomiendan treinta minutos), se crean hábitos saludables y los menores adquieren conciencia de sus riesgos, y así, para cuando sean mayores de edad, habrán interiorizado estos hábitos.

Para evitar engaños en casa, y que no nos digan que están haciendo los deberes cuando en realidad están conectados, debemos poder acceder a los dispositivos destinados a los deberes (si tienen que ser digitales) o hacer que los utilicen en lugares comunes de la casa, desde donde los podamos controlar.

Y, con todo, nada impide que las adicciones aparezcan después de los dieciocho años o que ya muestren cierta tendencia a estos comportamientos patológicos desde pequeños.

25. ¿Pueden espiar a mi hijo por la *webcam* o el micrófono?

Cuando nos sentamos frente a un ordenador, lo habitual es que la *webcam* que incorporan las pantallas esté apagada, pero los ciberdelincuentes a los que tu intimidad les parece un caramelo no dudarán en activarla de forma remota. Hay maneras de hacerlo y no es ciencia ficción, sino una realidad: podemos ser espiados por la cámara de nuestro propio ordenador, una peligrosa puerta de acceso a nuestra intimidad que puede grabarnos sin que lo advirtamos.

Sextorsion: este anglicismo que ya se citó al principio del libro se usa para referirse a una práctica delictiva más extendida de lo que creemos debido a que es silenciada por sus víctimas, atrapadas en un sinvivir tras cometer un grave error.

Funciona así: los delincuentes se ganan la confianza de su víctima, en el caso de los adultos se hacen pasar por personas, en su gran mayoría mujeres, que dicen sentirse seducidas por él o la víctima a través de sus redes sociales, habitualmente Facebook. En realidad, esas bellas damas se llaman Madongo y Mamadou y forman parte de una red de criminales extranjeros que constituyen verdaderas mafias organizadas de extorsionadores. Una vez que sus víctimas han caído enamorados o atraídos por las artes seductoras de los ganchos, son invitados a encender su *webcam* (la cámara de la pantalla conectada a la red) para mantener una relación virtual íntima y llevar a cabo prácticas sexuales diversas y, sin percatarse, son grabados por la banda. Cuando tienen imágenes suficientes del encuentro sexual es cuando comienza la verdadera pesadilla.

En poco tiempo la víctima recibe un *e-mail* o un mensaje incómodo de la organización en el que se exige el pago de una cantidad de dinero a cambio de no publicar el vídeo en YouTube u otros canales de difusión. Generalmente, en las conversaciones previas a la selección de las víctimas, buscan personas con recursos económicos, cuantos más mejor, y en situaciones familiares comprometidas, lo que garantizará que la víctima se vea obligada al pago de la extorsión con tal de evitar el daño personal y familiar.

En cuanto a los menores víctimas de este delito, no se les exige dinero, sino que la menor, bajo amenazas de sufrir un daño físico o de que sus padres se enteren, se verá compelida a seguir enviando material con contenido sexual, ya que, en este caso, los delincuentes no son bandas organizadas en busca de dinero, sino depredadores sexuales adultos que se han hecho pasar por menores para captar víctimas a las que han conocido a través de Internet y con las que han comenzado una ficticia relación afectiva.

Sea como fuere, la víctima siempre entra en un círculo angustioso del que le es muy difícil salir por falta de recursos y temor al extorsionador o a sus amenazas.

En muchos casos, ni siquiera ha habido una entrega voluntaria previa de imágenes o de vídeos de contenido íntimo, sino que estos han sido grabados desde la propia cámara del monitor, que no tenemos por costumbre tapar.

¿Cómo se puede acceder a la webcam *de un dispositivo informático?*

Por control de nuestra *webcam,* bien mediante la infección previa de un *malware* o tras instalar físicamente el *software* en nuestro ordenador. Cualquiera puede ser su víctima, ya sea a través de un portátil o del monitor de un ordenador de sobremesa. Y lo peor es que no hace falta un dominio informático excepcional. Incluso hay webs y foros donde pueden encontrarse este tipo de herramientas, llamadas RAT *(remote administration tools)* o herramientas de administración remota.

Si alguien con intenciones deshonestas tiene acceso físico a nuestro ordenador, basta con que nos instale el *software* espía, pero, si está a miles de kilómetros, existen diversos tipos de *malware* que incluyen funcionalidades que permiten que cualquiera pueda interactuar con nuestro sistema operativo y ejecutar procesos que de forma remota pueden hacerse con el control de nuestra *webcam*.

Hay varias maneras de hacerlo; no se trata de un virus letal que bloquea el ordenador, simplemente durante la conversación por chat o por mensaje directo el malo puede enviarnos un enlace a una foto o archivo de cualquier tipo diciendo: «Escucha esta canción» o «Mira qué vídeo», o en una *chat room* (sala de juego) de un videojuego pueden enviarnos un enlace para comprar una herramienta viral para el juego y, al clicar sobre esta, se instala o ejecuta el troyano, lo que nos convierte en un cliente infectado. El malo ya ha pasado los controles y está en nuestro ordenador.

¿Cuáles son esos programas?

Hay *softwares* legales que ofrecen este tipo de RAT para un uso legítimo. Por ejemplo, si trabajamos desde casa y necesitamos acceder remotamente al ordenador de la oficina para ejecutar cualquier archivo, estas aplicaciones son una solución. Pero hay quien las usa para acceder a la *webcam* de tus hijos.

Quienes usan este tipo de accesos se denominan *raters,* y en España se los persigue, porque vulneran la intimidad de la víctima sin su consentimiento. Si, además, después se difunde la grabación por YouTube o WhastApp, las penas pueden alcanzar hasta cinco años, y también tendría responsabilidad penal quien obtiene esas imágenes de forma ilegítima y las difunde o comparte.

Para evitar que cualquier desaprensivo capture imágenes de nuestros hijos, debemos seguir estas indicaciones básicas:

- Cuando algunas *webcams* empiezan a funcionar se enciende un piloto verde al lado de la lente, aunque hay *raters* muy especializados que llegan a desactivar esta función. Por tanto, el primer consejo, y el más sencillo de todos, es tapar las cámaras de todos los monitores. Existen unas pegatinas especiales para ello que nos permitirán navegar más tranquilos. Si nuestros hijos necesitan grabar un vídeo o conectarse en *streaming* para hablar con sus amigos o jugar, es tan simple como retirar la pegatina. Otra opción es deshabilitar la *webcam,* aunque no es garantía de que algunos villanos puedan volver a habilitarla.
- Puede que nuestro antivirus detecte la actividad de estos *raters,* pero no siempre. Se trata de sofisticados troyanos capaces de burlar las protecciones e introducirse de forma oculta. No obstante, debemos actualizar el *software* e instalar un buen *firewall* (cortafuego) o activar el que trae nuestro sistema operativo.
- Debemos enseñar a nuestros hijos a no abrir ningún enlace sospechoso, tanto por el contenido como por el destinatario. Y, cuando digo ninguno, es ninguno, porque pueden emplear técnicas de camuflaje en forma de archivos maliciosos ejecutables (que se ponen en funcionamiento en el ordenador de la víctima) que se disfrazan con iconos y extensiones como, por ejemplo, un

enlace a una web que simula un juego. Ante la duda, hay webs que analizan enlaces maliciosos.

Si pese a todas estas precauciones nos encontramos por la red un vídeo de nuestros hijos grabado de forma ilegítima, ¿qué podemos hacer?

Denunciarlo. Mis compañeros harán un análisis del ordenador y comprobarán si existen archivos relacionados con estos procesos que se estén ejecutando, ya que su ejecución puede no ser advertida a simple vista, pero sí que será detectable por el análisis forense del sistema.

Otra opción más rápida es llevar el ordenador o el móvil a un perito forense para que lo analice en busca de esas evidencias y, después, adjuntar su informe junto con la denuncia.

26. ¿Es fácil para mi hijo acceder a eso que llaman la *deep web*?

¿Qué es eso de la deep web*?*

Para las autoridades policiales y los que vivimos en el mundo de la seguridad informática es más que conocida, pero para quienes no están familiarizados con la ciberseguridad suena a submundo *underground* peliculero, una fama a la que han contribuido documentos y artículos nada técnicos que presentan a la *deep web* como un Triángulo de las Bermudas virtual en el que, si entras, es imposible salir.

La *deep web*, también conocida como *dark web, web oscura* o *mercado negro*, es otra capa de la red (Internet está conformado por varias capas y nosotros vemos, percibimos y navegamos por la denominada «capa de aplicación» o web superficial) creada hace muchos años por el Gobierno de los Estados Unidos para intercambiar información y datos con fines militares. Además, al ser de uso militar, debía incorporar las mayores medidas de seguridad, y una de ellas era un sistema de navegación específico y una conexión no rastreable.

Para que lo entendamos mejor: cuando nos conectamos desde nuestra casa a la red, la operadora de Internet con la que hemos contratado el servicio nos asigna una dirección IP (ocho números) con la que se comunican los dispositivos informáticos conectados. Pues bien, esa dirección IP se puede rastrear porque las operadoras las asignan de forma específica a un usuario y lo tienen bien anotado. En parte, y gracias a ello, las autoridades investigan y encuentran de esta forma a los cibervillanos.

¿Qué ocurre con la deep web?

Que podemos conectarnos a ella desde casa, y nuestros hijos también. Tan solo hace falta descargarse un navegador específico, como TOR. Una vez descargado, clicamos sobre el icono de acceso directo que nos crea y ya estamos conectados a esa capa *underground*. Es así de fácil.

¿Qué es lo que tiene de atractivo este mundo, entonces?

Que, aunque nosotros nos conectamos a esta capa desde nuestra dirección IP de casa, este sistema introduce tu IP en un sistema de nodos (puntos de conexión) y le va asignando de forma aleatoria otra IP (no registrada por los operadores y de otros países). De esta manera, consigue que se pierda el rastro de tu conexión. Es como si la IP que sale de nuestro *router* pasara después por otros *routers* de todo el mundo y no fuera posible determinar por cuáles. Por eso el navegador TOR tiene el icono de una cebolla, que representa un sistema de enrutamiento por capas, para hacer alusión al viaje que se pega nuestra IP una vez que entra en la *deep web*.

¿Este sistema es legal?

Claro que lo es; se trata de un sistema de anonimización muy útil que puede ayudar y ayuda a muchos usuarios a navegar por la red sin ser perseguidos, porque en sus países de origen no pueden acceder a determinadas webs, ya que el acceso está censurado y la libertad de expresión brilla por su ausencia.

¿Usan los criminales la deep web*?*

Sí, y mucho. De hecho, se la suele denominar *dark market* (mercado negro) porque muchos delincuentes han trasladado sus negocios criminales ahí.

¿Por qué los criminales se exponen en la red superficial, detectable por cualquier buscador como Google, cuando pueden montar sus negocios aquí?

Esta misma pregunta se la hicieron quienes han visto en este mercado *underground* la posibilidad de comerciar con todo tipo de bienes ilegales con un bajo riesgo, lo que ha hecho florecer verdaderas cibermafias.

Como todo lo prohibido y oscuro, este mercado llama la atención de los usuarios (también menores), sobre todo cuando al acceder comprueban la facilidad con la que se puede encontrar y comprar droga, tarjetas de crédito robadas, armas blancas, documentación, certificados y títulos falsos o, incluso, contratar los servicios de un sicario. La pregunta que me hacen siempre es si es realmente tan fácil como parece vender este tipo de mercancías y prestar servicios ilegales. Creo que la mejor forma de responder a esta cuestión es contando cómo funcionan estos mercados negros.

¿Se puede acceder desde Google a la red profunda?

No, es necesario el navegador específico. Mediante este, se puede acceder a un grupo específico de dominios, los «.onion» («cebolla» en inglés), no indexados por los navegadores tradicionales. De esta forma, queda multitud de información oculta a los ojos de los internautas normales. Básicamente, como hemos comentado, el navegador específico más conocido para esta capa es TOR. Se descarga fácilmente desde una web y se instala en nuestro sistema operativo como cualquier aplicación. A partir de aquí, la *deep web* indexa webs, blogs, servicios —también hay webs legítimas—, igual que lo hace Google. De hecho, podemos navegar tranquilamente por la web superficial que conocemos a través de TOR, aunque un poco más lentamente debido a los paseos que se pega nuestra dirección IP entre nodo y nodo para jugar al despiste.

¿Cuál es entonces la diferencia con la web superficial?

Que los servicios que pueden aportar datos de navegación de los usuarios son prácticamente nulos, por lo que, si nos ponemos en contacto con un usuario de esta red, puede que estemos hablando con un agente encubierto.

Además, permite cualquier configuración para modificar esa dirección IP, y de este modo hace creer a quien nos rastrea que navegamos desde una dirección de Canadá, Rusia o cualquier país remoto. Es más, la conexión con el resto de los equipos es siempre aleatoria, por lo que el camino (la sucesión de nodos con que se va a conectar) nunca es predecible. Por si fuera poco, la información que se transmite entre nodo y nodo está cifrada, lo que, unido a lo impredecible del camino que seguirá la interconexión, hace que sea especialmente difícil el seguimiento de los datos.

No obstante, TOR ya no es infalible. Al final de la comunicación, justo en el momento en que se abandona la red TOR y los datos llegan al equipo de destino, la recepción de los datos aparece sin cifrar, por lo que podría averiguarse el destino final de la conexión.

La *deep web* tiene, incluso, su propia *Wikipedia*, la denominada *HiddenWiki* (la «Wiki escondida»). En esta web existe un directorio organizado por secciones con todo lo que se puede encontrar. Estos enlaces, a veces deshabilitados, redireccionan a otras páginas ocultas que pueden estar protegidas con una contraseña. Una de las formas de acceder a la *Hidden Wiki* es a través de un enlace en el que aparece la verdadera dirección «.onion» de esta Wikipedia *underground*.

Esto es lo que queda del proyecto TOR, nacido en los laboratorios de investigación naval de los Estados Unidos y pensado para establecer conexiones seguras entre los diferentes organismos gubernamentales basándose en la ocultación y enmascaramiento de la dirección IP real de los equipos.

Con una baja posibilidad de ser rastreados, «los malos» pueden montar sus negocios criminales con, aparentemente, mayor impunidad. Para la compraventa de bienes ilícitos se montan auténticos mercados o *markets* administrados por unos pocos que garantizan el anonimato de sus compradores y vendedores a cambio de suculentas comisiones por transacción. Hay numerosos mercados, como el Dream-Market, Darknet Heroes League, Outlaw Market o Silk Road 3, aunque es posible que, cuando leas este libro, alguno de ellos haya pasado a formar parte de la historia por alguna operación policial.

La *deep web* es, por tanto, la estructura criminal cuasi perfecta, un mercado sumergido donde se ofertan servicios ilegales y en donde el usuario-consumidor que entra buscando ese tipo de mercancía-servicio nunca reclamará ni denunciará ante las autoridades si el negocio sale mal. Porque ¿quién va a pedir una garantía de compra cuando sabe que está adquiriendo un producto ilegal o a un precio más bajo que el de mercado? Este es también uno de los motivos por los que pululan los timadores que ofrecen servicios inexistentes que luego no podrás reclamar.

No obstante, el administrador del mercado ilegal debe garantizarse sus comisiones por venta, así que diseña sus propios sistemas de identificación de posibles timadores y se asegura de generar confianza en el comprador con un top de vendedores que reciben los *rates* o las valoraciones según el grado de satisfacción del cliente, como en eBay o en Todocolección. También se permiten comentarios de los clientes, que identifican posibles prácticas fraudulentas que alerten a otros compradores.

Aunque básicamente se puede encontrar de todo, ¿qué es lo más peregrino que me he encontrado en esta *deep web*? Un *crowdfunding* (recogida de fondos) de pederastas. ¿¿¿Quéééééééé??? Como suena, porque, debido al incremento de intercambio gratuito de material ilegal de explotación sexual de menores en la red profunda, el mercado de la venta de pornografía infantil se ha empezado a resentir. Por ello, los pederastas han puesto en marcha iniciativas para la colecta de donaciones que hagan emerger el mercado y mantengan la distribución.

Y es que Internet está cambiando hasta el mercado de la explotación sexual *online:* hace unos años, los pederastas se las tenían que ingeniar para montar sus plataformas de compraventa *online* camufladas entre webs de juego o páginas pantalla que simulaban otro tipo de servicios para garantizarse los cobros del material pornográfico que vendían. También empleaban servicios «bunkerizados», es decir, pagaban elevadas cantidades a servicios de alojamiento de terceros para albergar contenidos a cambio de comprar el silencio de los administradores web con la policía.

Sin embargo, hoy los productores están de vacas flacas porque, una vez que venden la primera copia del material inédito que graban, los usuarios lo suben a la *deep web* y pasa a formar parte del material gratuito que circula entre distribuidores y consumidores. De este modo, se acabaron los ingresos para el productor.

Por eso se les ocurrió lanzar una plataforma de *crowdfunding* para una causa denominada *pedofunding* —«pedo-», de pedofilia— para productores de pornografía infantil.

Lo llamativo del caso es que el administrador de la plataforma de recogida de fondos no permitía el uso de ningún tipo de violencia o coacción contra los niños «si no estaban dispuestos a participar». Se permitía la publicación del vídeo siempre y cuando el niño no apareciera esclavizado y pareciera correr peligro. No se podían grabar vídeos de niños menores de tres años porque «aún no tienen edad para saber lo que están haciendo», ni tampoco grabar «a los que duermen». Además, instaba a los productores a pagar un sueldo a los niños para que pudieran «pagarse la universidad y no para explotarlos en su propio beneficio personal». Pederastas, sí, pero muy concienciados de que los niños tuvieran buenas condiciones laborales.

El administrador de la página web se jactaba de que, gracias a su plataforma, la pornografía infantil se había convertido en una industria y ya no era una actividad sumergida y marginada en el mercado *underground*. De esta forma, se fomentaba que este tipo de «iniciativa empresarial» —la producción de pornografía infantil— se expandiera y fuera una actividad de éxito.

¿Qué tipo de «ser viviente» estuvo detrás de esta plataforma? Pues ni más ni menos que un fotógrafo *freelance* británico que ha abusado de más de doscietos niños malayos de entre seis meses y doce años de edad, un ser obsesionado con los abusos y las agresiones a menores que tenía su propia web, The Love Zone, e intentó financiar su actividad pederasta administrando la mencionada plataforma. En el momento de su detención en el aeropuerto de Gatwick por la NCA británica estaba redactando un manual de sesenta páginas para abusadores y portaba un ordenador con más de veinte mil imágenes que los propios policías fueron incapaces de terminar de revisar.

Y la gran pregunta: ¿pueden nuestros hijos acceder a la deep web*?*

Podrían. Es tan fácil como descargarse el navegador TOR y hacer doble clic en él, como en cualquier programa. Por eso, al configurar los controles parentales, debemos asegurarnos de que no pueden instalar determinas aplicaciones, entre ellas este navegador, no sea que se vean tentados a conectarse.

Tampoco está de más que busquemos el icono de la famosa cebolla en el escritorio o entre las carpetas, así como cualquier intento de acceder erróneamente, desde los navegadores tradicionales, a una web terminada en «.onion». Es un indicador de que nuestros hijos se sienten tentados a explorar qué hay en esos mercados negros. Desde luego, no encontrarán nada bueno.

Porque ni que decir tiene que, pretendiendo curiosear para acceder a estar webs ilegales, además de infectar nuestro ordenador de numerosos virus informáticos, algunas pueden ser cebos o colaborar directamente con la justicia y ceder los datos de registro a las autoridades de cualquier país. Eso en el mejor de los casos, porque, en el peor, si se sienten tentados a hacer cualquier compra de un bien ilegal, pueden terminar introduciendo los datos de nuestras tarjetas de crédito y nuestros datos bancarios en sitios ilegales, y esta historia ya sabemos que no terminará bien.

27. *Ciberbullying.* ¿Cómo actuar si crean un perfil falso de mi hija y comienzan a acosarla?

El *ciberbullying* o ciberacoso hace alusión a conductas de acoso entre iguales, entre menores, a través de la red. Si este acoso se produce en el mundo analógico, se llama *bullying,* aunque raro es que, en menores con móviles y ordenadores, la conducta de acoso en el colegio no se traslade a las redes. El ciberacoso es todavía más destructivo que el acoso físico, porque está presente las veinticuatro horas del día: donde va el menor acosado con su móvil, allí va el acoso, junto a él.

Una de las complicaciones del acoso es la dificultad para acreditar su existencia. Os lo dice alguien que ha investigado unos cuantos casos (y, por desgracia, también sufrido acoso). Es tan destructivo como difícil de investigar y de eso, precisamente, se aprovechan sus autores, conscientes de que, salvo que exista constancia documental o testifical del hostigamiento, se queda en la palabra de la víctima contra la del autor, y ya conocemos el principio de presunción de inocencia. ¿A quién va a creer un juez si no hay constancia del acoso?

El Código Penal no solo incluye el delito de acoso como tal, referido a la persecución y el hostigamiento continuo del menor, sino que también se traduce en la agresión verbal o psicológica reiterada de uno o varios individuos a través de Internet. Solo que en este último caso, a diferencia del acoso físico, sí que va a quedar constancia digital, evidencias de comentarios, mensajes, perfiles en redes y cualquier conducta que contribuya al amedrentamiento y humillación del menor. La cuestión es identificarlos, localizarlos y salvaguardarlos correctamente para tener la garantía de que vamos a poder demostrarlo.

Habitualmente, el acoso, la agresión y el ambiente hostil en el que vive el menor se desarrollan en el mundo físico, generalmente en el ámbito de una relación escolar, y suele ocurrir que, a consecuencia de esa situación, el *bullying* que está viviendo se publicita y encuentra difusión u otras formas de expansión en las redes sociales.

Estos son algunos de los ejemplos más frecuentes que me he encontrado:

- *Happyslapping:* consiste en la grabación de las agresiones físicas, verbales y psíquicas para su publicación posterior, pues no solo hay que considerar los delitos que se generan de los atentados contra su integridad física y moral, sino el plus de humillación que se genera con la difusión a través de las redes sociales.

- También es común realizar manifestaciones falsas o denigrantes que atentan contra la integridad moral del menor. En ocasiones suelen aparecer perfiles de la víctima acompañados de su fotografía del tipo: «Perfil dedicado a la fea gorda que se ve guapa», como sucedió en un conocido caso de un instituto de Canarias.

- Igualmente se pueden publicar imágenes comprometidas (reales o fotomontajes) o datos delicados, o dar a conocer hechos que pueden perjudicar o avergonzar al menor en su entorno de relaciones, tanto familiares como de amistad.

- Los acosadores también pueden dar de alta en una web (con foto incluida de la víctima) en la que se vota a la persona más fea o a la menos inteligente, y cargarla de «puntos» o «votos» para que aparezca en los primeros lugares.

- A veces se crean perfiles en nombre del menor y el autor escribe en primera persona, haciéndose pasar por la víctima, vivencias personales o demandas explícitas de contactos sexuales, siempre con un componente denigrante. Ese mismo perfil se puede utilizar para llevar a cabo una conducta ofensiva provocadora contra los demás y hacer que la víctima reciba insultos.

- Asimismo, se puede incluir a la víctima en grupos de WhatsApp para luego expulsarla de la forma más humillante o difundir bulos y comentarios denigrantes entre sus contactos.

- Y, por último, se puede robar y tomar el control del perfil real del menor para publicar contenido ofensivo, provocador o con contenido sexual explícito que reciba el rechazo de los demás usuarios, hasta ser expulsado de la red social.

Lamentablemente, existen tantas formas de humillar como sea capaz de generar la prolija imaginación de un menor, ya que a estas edades no andan escasos de fantasía, ingenio y falta de empatía llevada a extremos de lo más crueles.

Pero lo más grave es que el ciberacoso no es solo una cuestión entre la víctima y su agresor o agresores. En ocasiones, estas situaciones se prolongan debido a la inoperancia de sus observadores y responsables (padres y profesores de la víctima, agresores y resto de los compañeros).

¿Cómo detectar el ciberacoso?

Psicológicamente, el menor comienza siendo reconocido como víctima en el proceso de acoso y posteriormente se va distanciando del grupo, hasta que se aísla. Esta es una de las primeras manifestaciones que podemos advertir en un menor: se retrae y evita el contacto social, temeroso de recibir ataques, y empieza a inventar excusas para no ir al colegio y evitar enfrentarse a sus maltratadores.

Si nos fijamos, veremos que está más pendiente del móvil de lo habitual, y evitará por todos los medios que caiga en manos de sus padres.

Lejos de buscar ayuda, al ser menor y no tener conformada su personalidad, encuentra en sus atributos y características físicas la justificación del hostigamiento y la explicación a todo lo que le está ocurriendo. Se culpa del maltrato: «Si no fuera gorda, si fuera más guapa, más lista, más guay...».

Si no se detecta rápidamente el problema, el menor acaba reconociéndose como culpable, y, si la situación continúa, puede llegar al agotamiento o, incluso, en el peor de los casos, a un final trágico, como el suicidio.

En todos estos casos, las redes sociales se muestran especialmente peligrosas porque, como ya hemos dicho, a ojos de los demás nuestros menores creen que somos lo que publicamos. Si para nosotros, adultos, un juicio negativo, una crítica y el linchamiento social pueden ser especialmente dolorosos, para un menor que aún no cuenta con herramientas para afrontar y gestionar las emociones es una auténtica tortura.

¿Cómo prevenir el ciberacoso?

Podríamos pensar que sería efectivo evitar el uso del móvil en el entorno escolar, pero un estudio publicado en marzo de 2019 en los colegios de los Estados Unidos reveló que los colegios en los que está prohibido el uso de teléfonos móviles tienen una tasa de ciberacoso escolar que dobla a la de aquellos centros en los que sí que están permitidos. Un estudio de la empresa de ciberseguridad Panda Security nos da el motivo: ante la falta de móviles, los niños aprovechan la posibilidad de utilizar aplicaciones de trabajo y edición en grupo de documentos, como el famoso Google Drive o Dropbox (herramientas para el trabajo *online*), mientras hacen los trabajos o deberes para el cole. De esta forma, los menores pueden comentar, borrar y aprovechar estas funcionalidades para humillar a sus víctimas sin que quede constancia salvo que sean descubiertos justo cuando lo están haciendo.

Así pues, la clave es, sobre todo, **saber identificar el ciberacoso y actuar con rapidez ante cualquier sospecha.**

¿Cómo poner freno a un caso de ciberacoso?

Cuando hayamos constatado un caso de ciberacoso, habrá que acreditar la existencia del acoso y su magnitud, porque pueden intentar hacernos ver que se trata de episodios aislados o simples chiquilladas. Por eso, debemos ser capaces de poner de manifiesto ese hostigamiento permanente y la situación de temor en la que viven nuestros hijos para configurar el delito de acoso como tal.

En cualquier caso, lo menos aconsejable es llegar a instancias judiciales. Muchas veces creemos, un tanto a la ligera, que la solución a nuestros problemas es la denuncia, pero lo cierto es que es el último recurso al que recurrir, porque un niño acosado es doblemente victimizado por un proceso judicial.

Por eso denunciar ha de ser el último recurso. En vez de ello, lo primero será hacer acopio de todas las evidencias digitales de que dispongamos: mensajes de WhatsApp, perfiles y comentarios en redes sociales, así como documentos de texto, fotos o vídeos que puedan acreditar objetivamente lo que está sucediendo. Necesitamos pruebas y líneas de investigación que seguir. Por eso os recomiendo, ruego e imploro que no presentéis capturas de pantalla. No sirven para nada, solo para dejar constancia documental de lo que está ocurriendo, pero no tienen validez procesal y su utilidad en una investigación es igual a cero.

Lo más adecuado y recomendable, en cambio, es acudir a un perito forense que extraiga esas evidencias con las garantías legales y de la forma técnica correcta. El lado negativo es que tiene un coste económico, pero, si podemos asumirlo, no debemos dudarlo; se trata del bienestar de nuestros hijos y, además, tal vez esas pruebas sean necesarias en un posible proceso penal.

A continuación, caben dos opciones:

→ **Si optamos por denunciar,** se iniciará un procedimiento judicial que ya no podremos parar, con la consiguiente victimización de nuestros hijos por partida doble: por un lado, el acoso en sí; por otro, un procedimiento judicial. No les hacemos ningún favor con decisiones tan extremas.

→ Por eso es preferible **explorar alternativas a nuestro alcance menos lesivas:** para empezar, una vez localizados los comentarios, mensajes, etcétera, el primer paso será acudir al centro escolar para ponerlo en su conocimiento. No debemos esperar que hagan nada si nosotros no lo hemos detectado primero. Pero con la información en su poder deben iniciar determinados protocolos, además, por supuesto, de ponerse en contacto con los padres de los menores partícipes del acoso. Es preferible establecer una mínima mediación en un conflicto que trataremos de solucionar sin llegar a medidas tan drásticas.

- Otra medida que debemos tomar es **evitar que nuestros hijos mantengan contacto virtual con sus acosadores,** que no tengan forma de llegar a ellos. Aquí es cuando deberemos ejercer una supervisión más intensa, un apoyo constante, y fomentar una relación más cercana, de confianza, para que se sientan apoyados y no culpables por la situación que se ha generado. Frases como: «Eso te pasa por estar siempre con el móvil» o «Algo habrás hecho» no ayudan.

- Deberemos también **intensificar nuestra atención cuando se conecten a la red** si tienen que hacer los deberes: los menores son muy avispados y encontrarán la forma de hacerle llegar sus mensajes de hostigamiento.

- Otra opción más drástica pero efectiva es **privarlos temporalmente del móvil:** si sus acosadores saben que no tienen posibilidad de acceder a Internet, es posible que cese el acoso. Pero ojo con esta medida tan radical: que los acosadores tengan constancia de que la víctima ha sido privada del móvil puede hacerlos sentirse ganadores morales de esa batalla. Si decidimos confiscar el móvil con carácter temporal, debemos asegurarnos de que los padres de los acosadores, y desde el colegio, también han adoptado medidas con ellos para tratar de solucionar una situación que no debe quedar impune.

Y, como ya se ha dicho, en último caso optaremos por recopilar todos los indicios y pruebas digitales posibles que hayamos ido identificando y **acudir a denunciar,** lo que debemos hacer de la forma más prudente posible, es decir, evitaremos poner en conocimiento de los presuntos acosadores que hemos decidido iniciar un procedimiento legal por el bien y la seguridad de nuestros hijos, porque, si se enteran de que se ha abierto una investigación, tratarán de eliminar todo rastro posible, lo que dificultará la investigación.

28. El *grooming*. ¿Cómo actúan los ciberdepredadores sexuales en busca de víctimas menores?

En su última modificación, se añadió en el Código Penal el artículo que da cobertura penal a los casos conocidos como *grooming,* un delito que se da cuando se emplean las redes sociales para contactar con menores de dieciséis años y proponerles concertar un encuentro con fines sexuales, siempre que tal propuesta se acompañe de actos materiales encaminados al acercamiento.

Así pues, el *grooming* podría definirse como el conjunto de técnicas que usan los depredadores sexuales para engañar a un menor y obtener concesiones sexuales. Para estos individuos, las redes sociales son un lugar perfecto para la captación de víctimas y no dudan, cuando sus intenciones depredadoras son descubiertas, en pasar a la amenaza y a la coacción para la consecución de sus fines sexuales. Al principio, el depredador sexual y su víctima establecen una relación de cercanía y amistad progresiva, para lo cual es habitual que el depredador emplee perfiles falsos y se haga pasar por un menor para favorecer un contacto inicial y que se produzca el encuentro buscado.

También puede ocurrir, como ya se ha dicho, que, con la excusa de remitirle algún archivo, foto o enlace a un juego, le envíe oculto algún programa malicioso que permita el acceso remoto al dispositivo que emplea el menor con el fin de sustraer toda su información personal. Entonces, una vez en posesión de información íntima, el depredador desvela su identidad real e inicia una relación con la víctima basada en ataques y amenazas verbales destinadas a conseguir un encuentro personal a cambio de no desvelar esta información.

Según estudios realizados por expertos psicólogos, las víctimas de *grooming* sufren secuelas psicológicas, emocionales, físicas y sociales, algunas de las cuales son: ansiedad, depresión, obsesión, compulsión, dolor y síntomas postraumáticos del trastorno por estrés tales como los *flashbacks* o insensibilidad emocional. Todo esto, a la larga, se puede traducir en otras disfunciones más generales de su conducta sexual o social, trastornos en sus relaciones sociales y educación e, incluso, trastornos de la alimentación.

Como padres, si detectamos estos comportamientos, debemos intentar hablar con el menor para crear un clima de confianza y buscar ayuda especializada. Además, tendremos que mantener una supervisión estricta de los contactos que mantiene en las redes sociales. Es fundamental no dejar pasar el tiempo, porque los menores, por su juventud, todavía no han desarrollado técnicas de afrontamiento.

¿Cómo hacer frente al grooming?

Antes de que esta conducta predatoria fuera considerada un delito específico, si los padres denunciaban hechos similares, estos se investigaban como amenazas, corrupción de menores o tenencia, distribución y elaboración de pornografía infantil, y se les aplicaban otros tipos penales para que pudieran ser castigados.

Aun así, al igual que ocurre con el acoso, a veces resultaba y resulta insuficiente acreditar la existencia de este delito debido a las numerosas condiciones que requiere el tipo penal, como poder demostrar que existe «la proposición de un encuentro» y que «la propuesta se acompañe de actos materiales encaminados al acercamiento».

Como padres, tenemos que estar pendientes de las conversaciones personales que mantienen nuestros hijos con desconocidos, y estar muy alerta si comienzan a manifestar comportamientos extraños, como esconderse para hablar o cerrar la puerta y no hablar tranquilamente con sus contactos en un sitio común de la casa sin temor a ser sorprendidos.

¿Cómo actúan los autores del grooming?

Lo primero que solicitan a los menores es que busquen lugares apartados de la casa o que se conecten en momentos donde no pueden ser controlados o vistos, para no ser descubiertos si deben atender a posibles peticiones de carácter íntimo. Hay que tener en cuenta que en numerosas ocasiones el depredador sexual no propone un encuentro físico, sino que se limita a obtener imágenes de los menores mediante engaño, coacción o amenaza.

Si no conseguimos identificar las conversaciones mantenidas con este tipo de criminales, podrían serles aplicables, en el mejor de los casos, delitos específicos relativos a corrupción de menores por la tenencia de material de contenido sexual explícito de menores, porque el delito de *grooming* también sanciona a quien utiliza las redes sociales para contactar con un menor de dieciséis años y realizar actos dirigidos a embaucarlo para que le facilite material pornográfico o le muestre imágenes pornográficas en las que se represente o aparezca un menor.

El engaño es la clave para los depredadores sexuales y, aparte de los sutiles ardides ya comentados, es común que utilicen, por ejemplo, falsas convocatorias a *castings* para programas de televisión. Como requisito de selección, solicitan vídeos a las víctimas, al principio con ropa, después en bañador, *topless,* fotos sexis..., hasta que finalmente consiguen imágenes sin ropa. A veces también se hacen pasar por falsos nutricionistas que solicitan fotos para evaluar su «índice de masa corporal» o dirigen concursos de belleza, etcétera.

Debemos tener en cuenta que los adolescentes utilizan Internet como un medio experiencial y de conocimiento, y, por tanto, son susceptibles de sufrir cualquier tipo de engaño. Por eso no debemos olvidar potenciar la supervisión cuando están utilizando dispositivos informáticos, sobre todo si observamos comportamientos sospechosos.

¿Qué hacer en estos casos? Lo veremos a continuación.

29. ¿Qué es el *sexting*? Consecuencias legales de difundir fotos e imágenes de menores y entre menores

El famoso vídeo viral bautizado como «Ni Periscope ni hostias» nos va a servir para comprender el fenómeno del *sexting,* del que tanto hemos oído hablar. Consiste en difundir o simplemente tomar parte de la difusión de material graba-do de carácter íntimo o sexual sin el consentimiento de su titular, normalmente mediante las redes sociales o por cual-quier otro medio, como la mensajería instantánea.

A diferencia del *grooming* o de la distribución de conte-nido sexual, que tienen su sanción penal con víctimas exclu-sivamente menores, el *sexting* se puede cometer también contra adultos, al igual que el acoso *online*. La única dife-rencia es que en el acoso tenemos un término específico para menores denominado «ciberacoso».

El *sexting,* por tanto, no diferencia entre mayores y me-nores de edad, de manera que el acto de publicar vídeos o fo-tos íntimas sin consentimiento en medios de difusión masiva tan difíciles (por no decir imposibles) de eliminar se consi-dera lo suficientemente humillante como para obtener ya la entidad de delito.

No obstante, para que sea sancionado penalmente, se exige que cause un «menoscabo grave de la víctima». ¿Es que la sola divulgación de esas imágenes no es de por sí gra-ve? Sí, pero el *sexting* no se criminalizó hasta 2015, y no solo se va a juzgar en función del sentimiento de humillación que manifieste la víctima, sino que va a depender del alcan-ce y la difusión que tenga esta divulgación. Eso sí, el hecho de que la víctima sea menor es una circunstancia agravante y, a este respecto, conviene diferenciar entre, por una parte, las imágenes o vídeos de carácter íntimo en los que los menores posan con sentido provocador y sexual y, por otra, la mani-festación de conductas sexuales explícitas de carácter pornográfico, porque en este último caso ya no estaríamos ante un delito de *sexting*, sino ante un delito de difusión de pornografía infantil, más grave y con otras connotaciones.

El *sexting* también se conoce como **pornovenganza,** y se suele iniciar en estos casos a consecuencia de un acto íntimo, de carácter sexual, entre dos o más personas que resuelven tomar imágenes o grabar un vídeo del momento. Hasta aquí todo es legítimo, cada uno hace y deshace en la intimidad lo que quiere, como quiere y con quien quiere. Y los menores, como ya sabemos, también tienen su derecho a la intimidad.

El problema surge cuando alguno de los intervinientes decide ir un paso más allá y compartir estas imágenes o vídeos sin el consentimiento de la persona afectada. Esto se puede hacer de dos formas:

→ A través de mensajería instantánea o medios similares, ya sea con una única persona o con un grupo (lo que viene a ser un ámbito reducido), aunque, en todo caso, no deja de ser una difusión o cesión a terceros.

→ A través de las redes sociales, un medio más lesivo y humillante, que expone a la víctima ante millones de personas.

Está claro, por otra parte, que, a raíz de esta primera difusión, aunque solo sea a una persona, intervendrán aquellos que, por morbo, por el «mira lo que me ha llegado» o el «mira qué horror», contribuyan de forma definitiva a que se viralicen las imágenes o la grabación y el efecto de la vejación sea imparable.

Ahora bien, esto no tiene por qué llegar a ocurrir: si se produce una rápida intervención de la víctima o de las autoridades, el vídeo puede ser reportado y retirado por la red social en el momento, pero, en el caso de la mensajería instantánea, esto es imposible a menos que los propios usuarios decidan borrarlo de sus dispositivos, cosa bastante improbable, por lo menos en los primeros días.

Hace un tiempo, antes de la nueva regulación de 2015, solo era delito la toma de imágenes o vídeo para vulnerar la intimidad sin el consentimiento de quien participaba y, si las imágenes o vídeos se difundían *a posteriori,* se podía penar hasta con cinco años de prisión.

Pero ¿qué pasaba con aquellas personas que sí que prestaban consentimiento a la toma de imágenes o grabación? No se consideraba un delito contra la intimidad porque había habido consentimiento previo en la toma de las imágenes y, como mucho, únicamente se sancionaba levemente, con multas ridículas, la humillación que suponía su difusión posterior. Sin embargo, a efectos penales, la esfera de la intimidad de la víctima no se consideraba afectada.

En la actualidad, la clave de este delito no está en el hecho del consentimiento en el momento de la grabación, sino en que la cesión/difusión de ciertas imágenes a un tercero se haya hecho sin autorización y esto haya provocado un menoscabo grave a la intimidad de la víctima. Además, la publicación en las redes sociales se entiende como un medio de difusión muy potente que, por tanto, contribuye a una humillación mayor de la víctima.

Pero la pena es independiente del grado de difusión. Es decir, si se graba a una persona en cualquier escenario íntimo y se comparte, aunque sea solo reducidamente, si con ello se produce un menoscabo grave de su intimidad, también es delito. Nadie tiene por qué tener un vídeo personal ajeno, ni tan siquiera si se trata del mejor colega o de la pareja de alguien.

Así pues, estamos ante un delito que debe ser denunciado por sus víctimas para ser investigado y poder llegar a determinar quién es el autor de la difusión inicial no autorizada. Tampoco hace falta que el rostro de la víctima sea identificable, como dicen muchos usuarios, para que se cometa el delito y se pueda denunciar.

En este sentido, en nuestro país es muy reciente el trágico caso de Verónica, la mujer que se suicidó después de que se compartiera sin su consentimiento un vídeo sexual grabado para su expareja. Si esto la afectó hasta el punto de quitarse la vida, y tratándose de una mujer adulta, el impacto en un menor puede ser incalculable.

Algo que, por desgracia, también ha ocurrido en España, donde se han dado decenas de casos entre menores, algunos de los cuales llegaron a convertirse en *trending topic,* esto es, en la conversación más mencionada y de mayor influencia durante un tiempo en la red social Twitter. Sin ir más lejos, con el *hashtag #boteparaunconsolador* se hizo famoso el caso de una chica de trece años de Albacete que protagonizó un vídeo de carácter sexual explícito bastante desagradable con una menor de tres años.

¿Por qué vídeos protagonizados por menores acaban viralizados en la red?

Puede ser por el estupor y el reproche que causan, o simplemente por morbo, pero lo cierto es que, como sociedad, debería preocuparnos el hecho de tratar una situación tan dolorosa y preocupante con tanta frivolidad. Una situación y unas imágenes, además, que, por otra parte, suelen terminar como material de biblioteca de pederastas que no dudan en guardar e intercambiar material de este tipo.

A estos delitos se añade, por otra parte, la cuestión de la hipersexualización, porque las relaciones sexuales en edades tempranas no suelen dan lugar a relaciones sentimentales perdurables y estables; más bien al contrario: suelen generar, por lo habitual, relaciones hostiles, de acoso y abuso entre los menores.

En una entrevista para el diario digital *El País,*[3] el doctor José Luis Carrasco, jefe de la Unidad de Personalidad del

---

3. Ana Camarero, «Hipersexualización: los adolescentes cada vez practican sexo antes», *El País,* 25 de marzo de 2019. Disponible en: <https://elpais.com/elpais/2019/03/22/mamas_papas/1553267012_129944.html>.

Hospital Clínico San Carlos, afirma que el problema de mantener las primeras relaciones sexuales a una edad temprana radica en que, a esa edad, no se han desarrollado aún los mecanismos de la personalidad para la formación de vínculos sentimentales consistentes, no solo porque no se han desarrollado los sistemas psicobiológicos que posibilitan la integridad de la identidad personal, sino porque tampoco lo han hecho aquellos que permiten desarrollar una empatía profunda con los sentimientos del otro.

De ahí que fotos y vídeos con carácter sexual explícito intercambiadas durante esas relaciones tempranas acaben siendo difundidas por sus protagonistas como si fuera un juego, algo de lo que jactarse o con el único fin de humillar y vejar al otro.

Estas fotos empiezan en los móviles de unos pocos usuarios y acaban viralizadas por la red e intercambiadas en grupos de WhatsApp hasta la saciedad.

La pregunta sería: ¿es solo culpable el protagonista que comparte ese contenido o lo son también todos los que contribuyen a su difusión?

Aunque pueda parecer inviable, nada impediría a la víctima no solo denunciar al autor en origen de la difusión, sino también al resto, a aquellos que con tan poca colaboración y empatía comparten contenidos y, peor aún, de menores.

Como víctima, una opción sería acudir a la Agencia de Protección de Datos o interponer una demanda contra cualquiera que lo haya difundido por vulneración del derecho a su imagen (cara sin tapar que permite el reconocimiento). Las consecuencias penales como coautores o cómplices de delito de *sexting* podrían ser otras.

Terminamos esta cuestión no sin mencionar que algunas fuentes y artículos hablan de «*sexting* seguro» como la forma de intercambiar imágenes y vídeos íntimos entre parejas. No caigamos en esta trampa: la realidad es que no existe el «*sexting* seguro», es una temeridad tanto entre parejas como, sobre todo, entre menores. La única forma de mantener a buen recaudo y de forma segura un contenido, y así se lo tendremos que transmitir a nuestros hijos, es no generándolo, y mucho menos publicándolo o compartiéndolo.

30. He revisado el móvil de mi hijo y me he encontrado con conversaciones insultantes, vejatorias, fotos pornográficas o contenido comprometedor o relativo a menores. ¿Qué hago?

Las búsquedas de indicios o pruebas con relación a una posible conducta delictiva difieren según su naturaleza. Dependen del objetivo que tengamos los investigadores y de lo que nos interese acreditar. El simple hallazgo en un ordenador de determinados archivos con contenido sexual explícito no implica la existencia de un delito de prostitución, explotación sexual o corrupción de menores. ¿Qué evidencias electrónicas tendría entonces que recoger un investigador para buscar indicios de estos delitos?

Como padres, nuestro papel es determinante y decisivo para identificar a los depredadores y garantizar que este tipo de evidencias no se alteren, borren o desaparezcan de la red. Por lo tanto, somos los encargados de vigilar a nuestros hijos en caso de sospecha y de revisar sus dispositivos uno a uno, así como toda su actividad, porque en este caso la ley sí que nos habilita para hacerlo.

Una vez que hayamos identificado posibles conversaciones, imágenes o archivos que puedan evidenciar la existencia de este tipo de hechos, nunca debemos modificarlos. Es normal que nos asustemos, pero no debemos borrar todo lo que encontremos y, después, acudir a denunciar. ¿Con qué pruebas? Lo primero ha de ser acudir a la policía para asesorarnos y a un perito forense para que haga un buen rastreo en busca del mayor número de evidencias posibles.

Otro grandísimo error es ponernos a chatear con el supuesto depredador. No a los padres coraje. Es muy loable acudir en defensa de nuestros hijos, pero debemos ser conscientes de que se trata de situaciones que no controlamos, ya que en el momento en que el depredador sienta que está bajo sospecha hará todo lo posible por desaparecer e ir a la caza de otro menor. Incluso puede que se haya hecho con material con contenido sexual e íntimo de nuestros hijos y derive en una extorsión.

Como no estamos familiarizados con estas situaciones tan sensibles, lo mejor es tratar de tranquilizarse, parar en seco cualquier actividad e interacción de nuestros hijos (pero sin tocar nada ni borrar los perfiles) y acudir a las autoridades a la mayor celeridad sin dar pistas del tipo: «¿Qué estás haciendo con mi hija? Te he descubierto y te voy a denunciar».

La explotación sexual de menores es un delito grave y hay que asegurarse bien buscando indicios que fundamenten la intencionalidad del autor de producir o distribuir contenido sexual explícito relativo a menores, y evitar sacar conclusiones precipitadas.

Además, dependiendo del tipo de delincuente con el que nos hayamos topado, es probable que este haya tomado medidas «antiforenses» de cifrado, navegación anónima u ocultación de archivos mediante esteganografía para evitar ser rastreado y perseguido por las autoridades, por lo que deberemos ser aún más cautelosos y seguir las anteriores recomendaciones a rajatabla.

¿Cómo buscan las autoridades archivos y otros indicios que puedan poner de manifiesto la posible existencia del delito de grooming, prostitución, explotación sexual o corrupción de menores?

El factor sorpresa es muy importante a la hora de localizar contenidos de carácter delictivo en los dispositivos informáticos y de almacenamiento de archivos de los investigados, de ahí la importancia de no levantar sospechas si damos con alguno de estos delincuentes en la red.

Si se localizan archivos con pornografía infantil tras una operación policial, la búsqueda de archivos se va a realizar sobre un ordenador ya intervenido que no está conectado a la red, por lo que no existe el riesgo de que se pueda perder la información obtenida «en caliente» o en el domicilio del investigado.

Pero «los malos» pueden acceder a los terminales de nuestros hijos si han conseguido obtener mediante ingeniería social las contraseñas de sus perfiles o cuentas de correo. Es lo que tienen los servicios web: se puede acceder a ellos desde cualquier lugar siempre que haya conexión a la red, solo hay que disponer del usuario y de las contraseñas de acceso. De esta manera, «los malos» pueden acceder de forma remota si saben que están siendo investigados y borrar sus contenidos, con lo que se perdería cualquier indicio, y por eso es necesario que, al detectar cualquier atisbo de actividad sospechosa de nuestros hijos con adultos, cambiemos rápidamente las contraseñas de los servicios *online* que usan y hagamos un chequeo rápido de los archivos almacenados, por si pudieran ser archivos comprometidos que debamos poner en conocimiento de las autoridades.

Una vez que el investigador o perito se ponga a trabajar sobre los dispositivos de la víctima o del investigado, intentará buscar en los siguientes rastros digitales:

- Rutas de ubicación de los archivos.
- *Logs* o registros.
- El historial o los rastros de navegación.

- *Cookies* de webs visitadas.
- Archivos temporales.
- Archivos descargados.
- Y, en general, cualquier rastro o huella de borrado de evidencias que se pueda detectar.

En muchos casos, la probabilidad de encontrar lo que se busca depende del grado de sorpresa con el que se haya identificado y detenido al autor.

31. Sociedades hipersexualizadas y una web de citas en el móvil de nuestros hijos. Peligro

Hemos pasado de ocultar el mundo sexual a considerarlo una presencia habitual, con manifestaciones diversas que lo normalizan. Hace treinta años los niños nos dábamos la mano por primera vez a los dieciséis y nos pasábamos meses (o años) mirando al chico que nos gustaba en el cole o el instituto a la espera de que se lanzara a pedirnos salir. Hoy el adolescente es un cliente potencial más, con acceso ilimitado a series o películas donde la erótica forma parte necesaria de la trama. Es, también, un objetivo del mercado del erotismo y de los contenidos sexuales y pornográficos en la red, un material que, si no está controlado y supervisado por los padres, puede incluir todo tipo de prácticas adultas, en muchos casos violentas, de dominación, y peligrosas y humillantes para la mujer.

Esta sexualización cada vez más temprana, el inicio de relaciones de carácter íntimo y el uso de aplicaciones virtuales, entre las que se incluyen los sistemas de mensajería instantánea como WhatsApp, desembocan en el «dónde estás», «mándame tu ubicación» o las «pruebas de amor y confianza» en relaciones entre menores consistentes en la fiscalización ilimitada de las conversaciones, del correo electrónico y de las llamadas del otro, lo que, a su vez, favorece la aparición de situaciones tóxicas y de dominación más propias de adultos.

La tecnología ha cambiado la forma de comunicación y la forma de aceptación al entorno: antes tardábamos años en acercarnos a la persona que nos atraía, ahora los sistemas de mensajería instantánea, los chats en línea o los mensajes directos en Instagram han roto las barreras de la timidez al acercamiento físico y dan acceso a cualquier menor que disponga de móvil con conexión, con tan solo pulsar el botón de enviar y sin tener que pasar por el miedo al rechazo público, al fracaso social ni tener que buscar una buena excusa o motivo para acercarse al otro.

La posibilidad de conocer «medias naranjas» a partir de los diez años —cuando los niños no deben ni tener perfiles en redes sociales— es uno de los mayores riesgos a los que se enfrenta un menor. Su deseo de explorar, su ingenuidad y la curiosidad los impulsan a contactar o a responder a otros usuarios e iniciar conversaciones sin saber si están hablando con iguales o con un adulto deshonesto.

Muchas de estas conversaciones espontáneas se inician en chats de videojuegos, otras vienen de redes sociales como

TikTok, Snapchat, Instagram... Mucho cuidado si entre las *apps* que usan nuestros hijos sin tener la edad requerida encontramos una de citas *online*. En ese caso, antes de desinstalarla, no debemos olvidar realizar un visionado riguroso de la actividad que ha llevado a cabo.

¿En qué sociedad viven ahora nuestros menores? A estas edades sienten la presión de lo que hace su grupo de amigos y comienzan a imitar conductas y ciertos patrones —más aún si hay problemas de autoestima—, lo que hace que algunos chicos y chicas realicen retos, publiquen contenidos de carácter íntimo y explícito y mantengan relaciones sexuales por el simple hecho de agradar a otros, sin estar preparados para ello y, peor todavía, sin conocer las consecuencias.

En ese temor de quedar excluido del grupo y conseguir la popularidad, el menor busca constantemente agradar a los demás, ser popular, el más guay. Una de las formas de distinguirse es mostrando un estilo de vida diferente, *cool,* con comportamientos propios del mundo adulto, para lo que no dudan en sobrepasar líneas no permitidas o inadecuadas para su edad, incluso provocadoras, o en adoptar conductas de riesgo relacionadas con la imagen y el físico, como la anorexia o la bulimia, así como conductas autolesivas. Cuando el menor no consigue sus objetivos, frustrado, puede acudir a foros de temática suicida. También presentan estas reacciones cuando son puestos en el punto de mira por no cumplir con los cánones impuestos por sus iguales, lo que los sume en un estado de inferioridad y baja autoestima.

La hipersexualización guarda una estrecha relación con el concepto de la sobreexposición o la necesidad de publicar excesiva información personal, solo que, si antes hablábamos de los retos y las conductas de riesgo, ahora nos referiremos a imágenes y vídeos sexuales a edades prematuras.

Si lo pensamos bien, no es raro ver a nuestras menores de nueve años ensimismadas con los consejos de sus modelos de referencia, *instagramers* y *youtubers*, para ser más atractivas mediante prácticas tradicionalmente adultas, como maquillarse, hacerse la manicura y otros consejos de belleza.

Los expertos en educación sexual recomiendan educar en esta materia no solo centrándose en la prevención tradicional de embarazos y enfermedades de transmisión sexual, como nos enseñaban hace décadas en los institutos, porque, como ocurre con otras cuestiones de educación en la red, respecto a la presión social y a la cultura imperante de la imagen y lo visual hay mucho trabajo que hacer, como fortalecer la autoestima y educar en las habilidades sociales, la búsqueda de fuentes de placer, el deseo, el amor o el inicio de relaciones a corta edad.

Se trata de mirar la sexualidad como un todo en un mundo interconectado y eminentemente visual, y de establecer límites de convivencia y relaciones entre sexos.

32. ¿Y si te encuentras pornografía infantil en un dispositivo que no es tuyo?

Un informático que intentaba recuperar los archivos de un disco duro dañado de un cliente, un perito que elaboraba un informe pericial sobre un móvil, alguien que descubrió unas carpetas ocultas en el ordenador compartido con su compañero de piso... Todos encontraron archivos con imágenes deleznables: menores que sufrían abusos sexuales. Además, el autor de los abusos era la misma persona que les había confiado los dispositivos informáticos.

Por desgracia, no se trata de un supuesto ficticio: en más de una ocasión me ha llamado algún conocido que se ha visto en una situación semejante, y también sé por mis compañeros de protección al menor que reciben correos electrónicos en los que ciudadanos anónimos preguntan cómo actuar ante hallazgos casuales de este tipo.

Encontrarse ante la comisión de un delito flagrante y grave de explotación sexual infantil puede ocurrirle a cualquiera. Son hallazgos casuales, pero siempre debemos actuar con rapidez, ya que así podríamos evitar males mayores.

Es normal también que, ante situaciones tan sensibles como estas, nos asalten las dudas: «Si lo comunico a las autoridades, ¿pueden denunciarme a mí por tenencia de material de explotación sexual a menores?»; «¿Me podría denunciar el cliente que me ha confiado la reparación por revelación de secretos?»; «Si lo denuncio, ¿podría el autor tomar represalias contra mí?». Al final, aunque nos resulte extraño, en muchos casos, por miedo y desconocimiento, el técnico devolverá el dispositivo tal como lo encontró, no sea que por una cosa u otra salga escaldado.

Pero todas estas preguntas tienen respuestas muy concretas:

- *Avisar a las autoridades ante este hallazgo casual en ningún caso va a suponer que se nos investigue por los hechos.* Nuestra denuncia tendrá valor de declaración testifical y, como mucho, lo que se nos pedirá es que aportemos un testimonio todo lo completo que podamos en relación con el contenido para poder iniciar una investigación y dar con el autor de los hechos: cómo ha llegado a nuestras manos, cómo hemos descubierto los archivos, dónde y quién nos los ha proporcionado...

  Porque una cosa es un hallazgo casual y otra distinta que nos impongamos las tareas de las autoridades policiales e investiguemos por nuestra cuenta. Cuidado con esto, porque podríamos vernos implicados en alguna causa aunque nuestras intenciones no sean malas, al menos hasta que se aclare nuestra no participación.

- *No solo es aconsejable denunciar, sino que tenemos la obligación de hacerlo:* la ley obliga a «denunciar un delito público (aquellos que se persiguen de oficio, es decir, por las propias autoridades y no es necesaria la denuncia de la víctima) inmediatamente al Ministerio Fiscal, al tribunal competente, al juez de instrucción y, en su defecto, al funcionario de policía más próximo al sitio».

Por tanto, debemos ponernos en contacto con las autoridades por *e-mail* o acercarnos a una comisaría, y unos agentes se desplazarán adonde sea necesario para hacer las comprobaciones del hallazgo. Es muy importante evitar transportar las evidencias, manipular los archivos y, mucho menos, borrarlos o alterarlos, porque podemos destruir pruebas o alterar posibles vías de investigación.

- *No debemos temer por nuestra integridad o la de nuestros hijos si nos topamos con este tipo de delincuentes sexuales en la red:* los depredadores sexuales no son violentos, sino más bien retraídos y, aunque nunca se debe decir «esto no va a suceder», los encausados por la explotación sexual de menores no suelen reaccionar con violencia o agresividad al ser descubiertos.

Tras interponer una denuncia, aunque resulte obvio, debemos ser lo más prudentes posible y no informar a nadie (y menos al denunciado) de que hemos puesto los hechos en conocimiento de las autoridades, que actuarán lo más rápido posible, incluso antes de que el denunciado pueda sospechar o tengamos que devolverle el dispositivo. En todo caso, la policía nos informará de los pasos a seguir.

Con estas denuncias podemos contribuir a poner fin a situaciones de abuso, agresión o maltrato que están viviendo cientos de niños en todo el mundo. A veces no viene mal preocuparnos por los «hijos de otros». Por eso, ante situaciones como esta, debemos ser valientes y colaborar en vez de mirar para otro lado, porque en otra ocasión podría ser cualquiera de nuestros hijos el que apareciera en las imágenes o vídeos de estos ciberdepredadores.

33. ¿Cómo están nuestros hijos de expuestos en la red? ¿Son un blanco fácil para los cibercriminales?

Ya hemos hablado de la necesidad de «autobuscarse» por la red para ver qué sabe sobre nosotros y nuestros hijos. Porque ¿hasta qué punto estamos expuestos? ¿Son realmente nuestros hijos un objetivo de los cibercriminales?

La cantidad de información pública que podemos extraer de la red sobre una persona es incuantificable, y lo saben cibercriminales, departamentos de recursos humanos, investigadores, terroristas, posibles enemigos, acosadores, curiosos...

Cualquiera que tenga un interés legítimo o ilegítimo en nuestros hijos, lo primero que hará será introducir los datos personales, fotos o pseudónimos de los que disponga gracias a todos los perfiles que usen en las redes sociales o tras usar un buscador (como Google) para documentarse. No hace falta que nuestros hijos vayan contando su vida, la red habla por ellos: sus movimientos, visitas, participaciones en foros, contactos en juegos *online,* redes sociales o los propios directorios que utilizan los datos personales de forma no consentida. Además, haciendo *egosurfing* también podemos recabar información sobre ellos que no debería estar en la red, como, por ejemplo, el listado de niños admitidos en un colegio, un campamento o en actividades extraescolares, y es que es necesario que conozcamos cómo y para qué pueden ser usados «los movimientos virtuales» de nuestros hijos y, con ello, sacar nuestras propias conclusiones sobre su grado de exposición y cuál sería el deseable.

Antes de seguir es conveniente que distingamos dos conceptos relacionados pero que no significan lo mismo: huella digital y rastros de navegación.

La **huella *online*** o **digital** es el **rastro** que dejamos con nuestra navegación: perfiles en redes sociales, comentarios en webs, foros, juegos, canales de YouTube, etcétera. Todo esto queda publicado en la red y es accesible para cualquiera que tenga interés en saber de nosotros o de nuestros hijos, porque la red no distingue ni tiene piedad en registrar nuestra huella digital seamos adultos o menores. Un registro es un registro y una máquina es una máquina. Estos negocios se lucran gracias a la información personal, cuanta más mejor, y los menores no son una excepción, porque, aunque algunos navegadores y buscadores para menores son más cautos con la información que recogen, no actúan así con la que indexan.

Por otro lado, los **rastros de navegación** son los **registros** que quedan almacenados en las máquinas que albergan todos los programas y aplicaciones que emplean nuestros hijos, y la diferencia entre la huella digital y los rastros de la navegación es que estos últimos no siempre son visibles, pero pueden ser extraídos por empresas y personas especializadas para darles un uso comercial o, en el peor de los casos, maligno.

Por poner un ejemplo: la huella *online* sería la foto que nuestros hijos publican una tarde en Instagram para contarnos que están en la piscina pasándolo muy bien. Sin embargo, con los rastros de navegación, aunque no estén visibles, podríamos obtener la ubicación, el dispositivo o el sistema operativo desde el que se ha publicado la imagen. Por tanto, la foto en sí despertará la reacción de sus seguidores, pero el resto de los datos de navegación, no visibles como la foto, pero sí rastreables, suscitarán a su vez el interés de la propia empresa Instagram, de investigadores o incluso de algún cibervillano con intereses ocultos.

No existe una fórmula matemática, pero sí cierto proceso para recuperar toda esa información o una parte. A veces es posible y otras desaparece, sin entrar a mencionar cuestiones técnicas sobre el motivo. El caso es que, si dos personas se proponen buscar y recopilar datos sobre una tercera, pueden no obtener los mismos resultados porque en los criterios y proceso de búsqueda influye la creatividad, la constancia, la meticulosidad, la intuición y, por supuesto, los conocimientos técnicos y de la red.

A veces nos decimos: «Mi hijo no es un objetivo, una persona conocida ni nadie a quien querer investigar». ¿Seguro? No tiene por qué ser un objetivo para estafadores o un proceso de captación terrorista, ni ser el CEO de una empresa que dispone de información privilegiada, sino tan solo un usuario ¿anónimo? ¿En la red, donde día a día se producen miles de casos de acoso, suplantación de identidad, robo de información personal, ataques o extorsión? Desengañémonos: hay mucha gente que quiere hacer daño, y los menores son las víctimas perfectas.

Pero lo terrible es que la información que pueden extraer de tus hijos no solo está en Google: las redes sociales también son una gran fuente de información.

En Instagram, por ejemplo, se extendió como la pólvora el famoso engaño del «sé quién eres», un mensaje con el que diversas cuentas contactaban a los usuarios:

> «Eres de Madrid, tu hermana se llama María, tienes dos gatos, has estado de vacaciones en Denia y te gusta una chica que va a tu mismo insti».

La cuenta se jactaba de ser capaz de obtener información sobre un usuario a cambio de *likes* en sus cuentas, seguirlas, compartirlas entre sus contactos y otras triquiñuelas para conseguir aumentar su número de seguidores. A las pocas semanas, estas supuestas cuentas «adivinatorias» se convertían en perfiles de venta y promoción de diferentes productos.

¿Cómo conseguían información sobre sus víctimas, sobre todo menores?

La información procedía de fuentes abiertas y datos personales compartidos por los propios jóvenes, y era tan certera que muchos de ellos incluso llegaron a pensar que les habían hackeado sus cuentas. Sospecharon de todo tipo de artimañas, pero no cayeron en la cuenta de que toda esa información personal era pública y podía obtenerse con tan solo examinar con detenimiento sus perfiles.

Hoy en día existe una gran cantidad de herramientas *open source*, de *software* libre (disponibles aparentemente sin coste económico, pero sí de otro tipo) o de pago diseñadas para extraer selectivamente del servidor información de los buscadores, redes sociales, webs, bases de datos e incluso también la que se encuentra escondida en metadatos (información incluida en los propios archivos, como la fecha y hora de creación, el equipo, etcétera).

Para evitar que esto ocurra podemos configurar la privacidad de las cuentas de nuestros hijos en redes, como ya hemos aprendido, pero esto no bastará. ¿Por qué?

Porque no solo nosotros damos información sobre nosotros: también los demás comparten información que nos atañe, y esto hace posible que se pueda acceder a nuestro perfil a través de ellos. Así, por más recelosos que seamos con la información que publican nuestros hijos o la que mantengamos en cuentas privadas, sus contactos serán la clave para llegar a conocer sus amistades, relaciones e intereses y utilizarlos como un vector de ataque para después ganarse su confianza.

Los atacantes tardan un tiempo en recopilar esa información hasta averiguar por dónde se mueven los menores y con qué intereses y, así, entrar en su círculo.

A través del correo electrónico también se cede información, no porque se pueda acceder a los *e-mails*, sino porque, a veces, basta con saber la cuenta real del menor para enviarle un archivo infectado. Además, las localizaciones, teléfonos y otros datos asociados (el nombre del colegio, instituto, actividades extraescolares, etcétera) a sus perfiles pueden ser clave para relacionarlos con otras publicaciones suyas, ya que, como muchas personas tienen la costumbre de emplear los mismos datos para registrarse en diferentes servicios, esto facilita el rastreo.

Por tanto, aunque es cierto que nuestro hijo no es famoso y que así está menos expuesto, lo cierto es que no por eso es menos vulnerable.

34. ¿Para qué sirve una denuncia?

¿Cuántas veces hemos oído «Te voy a denunciar» como una amenaza? ¿Y cuántas hemos pensado que denunciar sería la solución a nuestros problemas?

Una denuncia se interpone a veces contra un presunto autor de los hechos, ya identificado, y otras, como en el caso de los delitos cometidos en la red, para determinar su presunta autoría.

El acto de denunciar da comienzo a un atestado policial que, una vez remitido a la autoridad judicial, iniciará un procedimiento penal. La ley obliga a poner en conocimiento de las autoridades judiciales la existencia de un delito, pero la denuncia es un acto judicial preceptivo cuyo fin es esclarecer unos hechos presuntamente delictivos para llevar a los culpables ante la autoridad judicial. Hay muchas personas que emplean el cauce de la denuncia como una amenaza, pues piensan que tendrá algún tipo de efecto disuasorio sobre el autor, pero lo cierto es que someter a una víctima a un procedimiento penal debería ser siempre el último recurso y no un elemento de amenaza.

Existe la creencia, errónea, de que la responsabilidad del ciudadano llega únicamente hasta la comisaría donde se interpone la denuncia. Desde ese momento, nos limitamos a esperar que la situación cambie como por arte de magia con la creencia de que un procedimiento penal será la solución al verdadero problema que subyace, sin preocuparnos de más.

Y lo cierto es que poco podemos hacer como víctimas si, por ejemplo, sufrimos un robo con violencia, alguien nos agrede o unos ladrones allanan nuestro domicilio en busca de objetos de valor de los que apropiarse mientras estamos de vacaciones. La comisaría es la única opción para que la policía investigue y atrape a los malos.

Sin embargo, en la red se dan situaciones o comportamientos ilegales que, si bien serían denunciables, pueden conllevar soluciones alternativas menos lesivas para la víctima sin la necesidad de llegar a la denuncia, porque, al fin y al cabo, y sobre todo, la víctima lo que desea en estos casos es que la situación de sufrimiento y hostilidad cese.

¿Estamos diciendo que, si nuestros hijos sufren ciberbullying, *no debemos denunciar?*

No exactamente. Vamos a poner un par de ejemplos: pueden darse situaciones de hostigamiento entre iguales en el ámbito escolar en las que los autores están perfectamente identificados. En este caso, una posible solución sería ponerlo en conocimiento del colegio, controlar más de cerca a nuestros hijos, protegerlos ante posibles agresiones externas y buscar con los padres de los otros menores autores una solución consensuada para que la situación de acoso no continúe, de modo que se castigue a los autores, pero no penalmente.

Otro caso: imaginemos que detectamos un perfil falso de Facebook o Instagram en el que se humilla a nuestros hijos con comentarios o fotografías despectivas. Una solución inicial sería solicitar la retirada del perfil concreto a la red social para que la situación de acoso cese y, también, tratar de averiguar con nuestros hijos si el problema va más allá de las redes. Si no se repite, podríamos evitar que esta situación lamentable volviera a tener lugar con un simple reporte.

Como vemos, son dos situaciones que buscan la solución a un problema en la red, pero no hemos tenido que recurrir a procedimientos penales para ponerles fin. Obviamente, si estas situaciones se prolongaran en el tiempo y no es posible encontrar una solución más pacífica, sí que tendríamos que recurrir, como último recurso, a la denuncia. Y, no obstante —y esto también es importante—, todos debemos tener en cuenta que, una vez interpuesta la denuncia, la situación delictiva persistirá, al menos mientras se lleva a cabo la investigación y se identifica a los autores.

Además, en determinados supuestos en los que se ha vulnerado el honor y la propia imagen de una persona, también existe la posibilidad de recurrir al proceso civil. Lo que sucede es que en muchas ocasiones no solo se vulnera el honor, sino que también se ven perjudicados otros derechos, como la libertad, la no discriminación, etcétera, y estos solo encuentran protección bajo la tipificación del Código Penal.

En todo caso, aquí hablaremos principalmente del ámbito penal porque es la jurisdicción en la que actúan las autoridades policiales.

¿En qué casos unos hechos o publicaciones pueden ser constitutivos de delito en la red y, por lo tanto, denunciables?

Lo habitual es que, con relación a Internet, los usuarios denuncien cualquier situación de indefensión que viven, sin conocer cuáles son los cauces que seguirá su denuncia ni los pasos necesarios para su investigación. Es una situación, cuanto menos, paradójica, que pone de manifiesto el gran desconocimiento existente a este respecto, porque, aunque tenemos bastante claro cuáles son los límites tolerables en el mundo físico y cuándo se puede solucionar una situación sin intervención penal, en el mundo virtual, sobre todo para un usuario que no está familiarizado ni con los términos informáticos ni con los procedimientos penales, esto no resulta tan evidente.

Porque, aparte de las estafas, ¿qué es y qué no es delito en la red?

El mundo virtual establece unos límites entre lo personal y socialmente tolerable difíciles de definir; tanto que ni los propios profesionales, sobre todo en lo concerniente a las redes sociales, se ponen de acuerdo.

Esto es así porque en el mundo virtual se están dando situaciones que no son frecuentes en el mundo físico, ya que en las redes y en Internet muchas personas parecen carecer de mecanismos de autocontrol a la hora de proferir amenazas o de mantener actitudes instigadoras, lesivas, violentas, vejatorias o insultantes que no cometerían en el mundo analógico. Es como si el hecho de que la comunicación digital nos permita la conexión entre personas sin necesidad de que el factor físico intervenga anulara nuestro temor a sufrir las consecuencias con carácter inmediato si, ya que no tenemos a nuestra víctima enfrente, nos atrevemos a cruzar las líneas de lo ilegítimo.

Hay, por supuesto, otros factores que ayudan a que comportamientos con posible carácter delictivo se produzcan con frecuencia en Internet: el anonimato, la sensación de impunidad, el bajo autocontrol y el desconocimiento de las consecuencias. Tal vez por todo esto el número de delitos esté aumentando en comparación con el mundo físico: a nadie se le ocurre salir corriendo sin pagar un producto que acaba de comprar en una tienda. Sin embargo, las denuncias por no recibir un producto adquirido en un portal de segunda mano van cada vez a más.

En todo caso, si una persona siente que puede estar siendo víctima de una estafa, o sospecha que alguien accede a sus cuentas, o si recibe amenazas e insultos y desconoce otros recursos o medios menos lesivos para restituir o evitar la situación que está viviendo, ha de ponerlo en conocimiento de las autoridades.

Es decir, debe quedarnos claro que la denuncia ha de ser el último recurso y no el primero.

Acordémonos del ejemplo del acoso escolar: si un menor sufre un acoso escolar con insultos y vejaciones, ¿sería denunciable? Sí, y se debe hacer. Ahora bien, como ya hemos dicho, si podemos identificar a través de nuestros hijos o del colegio quién o quiénes son los autores de ese acoso, es preferible tratar de solucionar la situación dentro del diálogo y el entendimiento entre padres y colegio para evitar que la situación continúe y tener que acudir a una comisaría. Eso sí, en el caso de que no sepamos quiénes son los autores o no consigamos solucionar la situación, entonces, irremediablemente, deberemos ponerlo en conocimiento de las autoridades.

¿Cómo denunciar?

Es recomendable que la denuncia se lleve a cabo ante los grupos policiales especializados en menores o de atención a la familia que existen en la comisaría a la que acudamos. Generalmente, el primer contacto que tienen las víctimas que quieren denunciar un hecho de estas características es la oficina de denuncias y atención al ciudadano del puesto más cercano, pero, si no es una situación cómoda para un adulto, menos lo será para un menor que está sufriendo una situación que no entiende ni cómo se ha generado.

Por eso es aconsejable que los padres mantengan una actitud cercana y de confianza con sus hijos y que eviten culpabilizarlos con expresiones del tipo: «Si es que ya te lo dije, Internet solo trae problemas», «A saber qué habrás hecho» o «En cuanto salgamos de la comisaría se acabaron Internet y el móvil».

No es momento de reproches en una situación tan embarazosa y, además, es crucial que el menor sienta confianza para relatar una declaración fiable sin omitir datos importantes por miedo a las consecuencias o por vergüenza.

Por lo demás, la denuncia de un menor debe ser tomada en presencia de sus padres, tutores, guardadores o quien ejerza su patria potestad y en España hay protocolos de actuación policial específica para el menor, ya sea víctima o testigo, que recogen que el tratamiento que se le debe dar a un menor víctima de infracción penal tiene que adecuarse a su edad y circunstancias personales, así como a la naturaleza de los hechos que originan la intervención. También se procurará que reciba de inmediato los cuidados, protección y asistencia social, psicológica, médica y física que requiera y que se notifique inmediatamente el hecho ocurrido y el lugar donde se encuentra el menor a los padres, tutores o guardadores, salvo que las circunstancias aconsejen lo contrario (como el caso, por ejemplo, de tener conocimiento de los hechos en centros escolares).

Dependiendo del caso, en ocasiones con la simple manifestación de hechos y actas de capturas, mediante las que el agente pueda verificar el contenido, puede ser suficiente. En otras será necesario que la víctima haga entrega de los dispositivos informáticos que tengan relación con los hechos: su móvil, el disco duro del PC, el portátil donde se puedan hallar evidencias digitales con riesgo de alteración o pérdida... La información que se encuentra en dispositivos electrónicos, como ya hemos dicho, es muy volátil y cualquier manipulación puede modificar, eliminar rastros o pruebas.

La denuncia previa ocasiona la apertura de un procedimiento judicial que deberá autorizar la extracción de toda la información contenida en esos dispositivos electrónicos y luego, en caso de hallarse, aportar las evidencias digitales que puedan constituirse como prueba en un proceso contra la persona sospechosa. Luego se debe custodiar el dispositivo, así como las evidencias que hayamos presentado, durante el tiempo que dure el procedimiento, pues es un riesgo que el móvil o cualquier otro dispositivo permanezca nuevamente en manos del menor.

Otro aspecto a tener en cuenta es que, si una víctima extrae la información por su cuenta y riesgo, podría alterar irreversiblemente su contenido. Por eso, y aunque seamos informáticos o expertos en informática, debemos abstenernos de tocar nada, por más que sepamos cómo hacerlo, ya que el procedimiento exige unas garantías legales.

En cuanto a las pruebas entregadas en el momento de la denuncia, se adjuntarán al atestado policial que se remita al juzgado.

Cuando una persona acude a una comisaría, debe saber que las indagaciones posteriores y el éxito de una investigación vendrán determinados por la cantidad de indicios que aporte. Cuantos más detalles, más vías de investigación se seguirán, y por eso es de vital importancia que seamos extremadamente cuidadosos si nos encontramos o tenemos que aportar el dispositivo informático de nuestro hijo si está relacionado con el hecho delictivo. Dicho con claridad: nos podemos cargar la prueba. No debemos tocarlo, cualquier manipulación o uso indebido, aunque sea para leer o hacer «comprobaciones» propias, supondrá una modificación de la información contenida en el dispositivo y, por tanto, cualquier investigación posterior puede hacer dudar de su eficacia probatoria en un juicio e invalidar la prueba para el juez encargado de valorarla.

Existen métodos, técnicas y herramientas forenses para la obtención, conservación y custodia que garantizan que estas pruebas tengan plena validez en el proceso penal. Aunque en una comisaría se pueden hacer unas comprobaciones iniciales superficiales de determinados contenidos en dispositivos informáticos (por ejemplo, comprobar la existencia de unas conversaciones de Whatsapp, unas imágenes o ciertos mensajes de correo), lo ideal es llevar el móvil o dispositivo a un perito forense para que haga el tratamiento adecuado.

Por más que pueda parecer sencilla, una investigación tecnológica es un camino difícil que en muchas ocasiones requiere un despliegue considerable de esfuerzos y medios, en algunos casos desproporcionados si tenemos en cuenta la poca relevancia penal del delito denunciado. Es el caso de la enorme cantidad de medios policiales, judiciales y tecnológicos que han de ponerse en marcha para, por ejemplo, esclarecer una estafa de diez euros por un cargo ilegítimo —denuncias que, por cierto, se interponen únicamente porque lo requiere la entidad bancaria para la restitución del dinero—. Por eso, si, tras haber intentado solucionar nuestro incidente o problema en la red con otros recursos, es necesario interponer finalmente una denuncia, conviene plantear algunas reflexiones, porque, a diferencia del mundo físico, el proceso de esclarecimiento y la identificación de autores en la red es largo, sensible, arduo y complejo y hay factores que pueden entorpecer una investigación porque no dependen de los ciberinvestigadores. Puede ocurrir, por ejemplo, que una víctima reporte su caso a las redes sociales y que estas no lo consideren tan grave como para retirar las cuentas denunciadas y facilitar la información a las fuerzas y cuerpos de seguridad para su investigación. Y lo mismo puede suceder con cualquier compañía, proveedores de servicio de Internet, de telefonía o entidades bancarias que guarden datos sobre posibles investigados.

¿Qué información puede ser de interés en una denuncia?

Cualquier evidencia electrónica y dato objetivo o subjetivo son de interés en una denuncia. Nunca se sabe qué información puede servir como línea de investigación: cuentas de perfiles, direcciones de correo electrónico, momento en el que la víctima se dio cuenta de que no podía acceder a su perfil con su contraseña o recibió un mensaje con el aviso de cambio de *password,* proveedor de servicios de Internet y tipo de conexión contratada (Movistar, Orange, etcétera), lugar desde donde suele acceder a la red y con qué dispositivos se hace, si la gestión de las claves y contraseñas es compartida y por quiénes, pseudónimos, perfiles asociados, datos bancarios asociados a la cuenta, contactos que se ha tenido, contenidos de conversaciones que guarden relación con el hecho... Nunca se sabe dónde puede aparecer una pista valiosa.

Una vez comprobados los hechos, con la correspondiente documentación adjunta, el atestado policial se envía generalmente al juzgado de instrucción correspondiente, donde se interpone la denuncia, aunque con matices.

Antes, otra recomendación a seguir en el momento de interponer la denuncia tiene que ver con la **temporalidad de las pruebas,** un dato muy importante de la investigación virtual, distinta a la del mundo físico, al igual que la **eventualidad del objeto del delito.**

Expliquemos un poco estos dos conceptos: en la ciberinvestigación, y sobre todo en las redes sociales, sucede que las publicaciones, los perfiles y los registros de conexión son evidencias digitales temporales que **pueden ser eliminadas rápidamente por el propio autor.** A esta dificultad se une el desconocimiento de la víctima respecto a cómo actuar. Además, no se dispone de protocolos eficaces para recoger las evidencias tecnológicas (vaya, que los del CSI no pueden venir con su maletita a recoger pelos y tomar huellas físicas) y el objeto del delito (la información) se encuentra en manos ajenas (proveedores de servicio), en muchos casos fuera de la competencia territorial española. Por eso es habitual enfrentarse a denuncias con decenas de hojas fotocopiadas de comentarios en redes, justificantes de cargos bancarios, anuncios ilegítimos de *phishing*, narraciones de hechos sin ninguna referencia digital y, por tanto, sin valor procesal e imposibles de investigar.

Y la última gran dificultad: los jueces y los tribunales deben instruir y condenar hechos sobre los que han de ponderar algo tan subjetivo como el daño moral e incluso físico de una víctima, pero **sin poder recurrir a informes médicos o psicológicos de evaluación,** algo fundamental, porque la situación agónica por la que pasa la víctima tiene que ser objetivamente percibida y acreditada como tal por el resto de los actores que intervienen en un procedimiento penal, algo que, si no es evaluado por un médico, se hace muy complicado.

Todo esto me lleva a recomendar que, en caso de que el menor sufra un daño moral o psicológico como consecuencia del delito, se **acuda a un pediatra que pueda dictaminar su situación y emitir el informe correspondiente,** pues este será de gran utilidad al juez y le ayudará a valorar médicamente las secuelas o el daño moral derivado del comportamiento criminal y, en consecuencia, a ser más justo con la condena en caso de que esta se produzca.

Esta última afirmación, este «en caso de que la condena se produzca», viene a cuento porque, cuando veamos en algún medio los números y las estadísticas precisas sobre los casos denunciados de delitos cometidos a través de la red, siempre debemos tener en cuenta que estos no reflejan el número de casos reales que se producen a diario, ya que existe una elevada cifra indeterminada de **delitos no denunciados:** dejadez, miedo, confusión, culpa, desconocimiento, no creer en que un proceso penal sea la solución a su problema..., las víctimas en las redes no comparten su malestar ni hablan de ello con su entorno hasta que no se ven realmente acorraladas e impotentes.

Por otra parte, los ciberdelincuentes son cada vez más profesionales, sus conocimientos técnicos evolucionan día a día, pero también su maldad. Aumenta el grado de acoso, insultos y humillación, pero, si se permiten, toleran y normalizan estos comportamientos como algo propio de las redes sociales corremos el riesgo de que den lugar a reacciones cada vez más agresivas, como el chantaje o la extorsión, que pueden llegar a causar suicidios y depresiones.

Es importante entender que los hechos no denunciados deben preocupar igual que los denunciados, pues ambos causan un gran impacto en los menores, quienes pasan por un largo proceso de sufrimiento personal que su entorno y que las instituciones desconocen.

En muchos casos, como en general estos delitos cometidos a través de la red no se transforman en lesiones físicas objetivables, son considerados como conductas de escasa relevancia penal, algo que para el menor es aún más destructivo e intenso, y de ahí, precisamente, la importancia de observar a nuestros hijos para detectar cambios en su humor u otros signos que puedan advertirnos de esta situación y anticiparnos a mayores consecuencias.

35. Una vez que he denunciado, ¿habrá un proceso penal?

Tras interponer la denuncia, nos espera un proceso de espera incierto. Por una parte, en los delitos cometidos a través de la red la ley no obliga a enviar el atestado policial a las autoridades a menos que se haya identificado o se presuma que pueda haber un autor conocido. Por otra, en el caso de que se identifique a un presunto autor, las autoridades judiciales deberán buscar un encuadre penal para los hechos descritos en la denuncia. Es entonces cuando se incoará un procedimiento penal para su investigación en el que tanto las autoridades judiciales como la Policía Judicial instruirán las pesquisas, gestiones o diligencias de investigación necesarias para determinar la autoría.

Puede ser que, desde un inicio, a pesar de que las conductas denunciadas revistan carácter de delito, no existan evidencias digitales suficientes de las que partir. Por ejemplo, un error muy habitual es referir que se han encontrado imágenes pornográficas de menores en un foro denominado «Foroimpacto» (nombre ficticio) en vez de hacer constar la URL exacta o la web concreta que figura en la barra de direcciones. Si es una web simulada que suplanta otra conocida, en este caso, «Foroinpacto», será imposible dar con el contenido exacto y su posible procedencia.

Otro ejemplo muy frecuente se da en los casos de estafas en los que un usuario manifiesta que alquiló un apartamento por Fotocasa, en los que el contacto desde el que intercambió correos con los presuntos autores era <fotocasa@servicio-renting.services>, un dominio que, si bien lleva el nombre de Fotocasa, no pertenece en absoluto a la web legítima, cuyo dominio debería ser <loquesea@fotocasa.es> y no al revés. Este tipo de engaños hacen que cualquier investigación posterior sea infructuosa, y no podemos esperar que un menor identifique este tipo de engaños.

Tampoco se suelen conservar las evidencias originales o no se capturan con la suficiente antelación, por lo que el autor puede borrarlas. Por ejemplo, si recibimos un mensaje directo por Facebook con amenazas, no hemos recogido esas conversaciones ante notario o por medio de un perito forense y no están activas cuando se interpuso la denuncia, serán una mera prueba testifical sin más valor que la palabra de la víctima contra la de su presunto autor.

Estas imprecisiones pueden arruinar una investigación, sin contar con las dificultades que ya de por sí acarrea el uso de sistemas técnicos difíciles o imposibles de rastrear o que los propios autores se encuentren fuera de nuestras fronteras. Teniendo en cuenta todas estas circunstancias, deberemos armarnos de paciencia y asesorarnos legal y técnicamente para no llevarnos decepciones.

Además, las investigaciones tecnológicas son largas y tediosas. Requieren de labores propias de investigación, judicialización, solicitud de datos a las empresas proveedoras de servicios digitales, mandamientos judiciales de los jueces que deben ser estudiados y autorizados, el propio rastreo de cuentas de *e-mail*, bancarias, direcciones IP, webs y la coordinación, en muchos casos, de autoridades policiales de varias demarcaciones territoriales.

Y, por último, si finalmente se identifica al autor de un delito, el juez de la causa deberá valorar todas las pruebas existentes para determinar si queda suficientemente acreditada su participación y culpabilidad.

Por eso es importante que tengamos claro que una denuncia ni implica el éxito de un procedimiento judicial ni la culpabilidad o condena del denunciado.

36. A mi hijo le han robado su cuenta en las redes sociales. ¿Se puede recuperar?

Lo primero y más importante es diferenciar el robo de una cuenta de la suplantación de identidad. En el primer caso, alguien —conocido o no— accede a tu cuenta de forma no autorizada y toma el control: cambia las claves e impide acceder a su legítimo titular.

La suplantación de identidad es el mero uso de una identidad digital, usando el nombre y apellidos o los datos identificativos de una cuenta ya creada o que se crea con esos fines; puede incluir también una imagen o cualquier elemento identificable que induzca a error sobre la verdadera cuenta y su titular, pero, según el Código Penal, no es delictiva.

¿Cómo le pueden robar la cuenta a un menor?

El robo de cuentas es muy frecuente; en primer lugar, porque los menores no toman las precauciones debidas para realizar registros seguros en webs de confianza y, en segundo lugar, porque cometen el grave error de facilitar contraseñas a amigos, personas que les gustan o a quienes les solicitan las claves «como una muestra de confianza». Además, al igual que los adultos, son carne de cañón para los ataques de *phishing,* es decir, mensajes en los que «los malos» se hacen pasar por un servicio, red social o cualquier contenido de interés para pedirte que introduzcas el nombre de usuario y la contraseña con la excusa, por ejemplo, de actualizar la cuenta.

Existe la posibilidad de administrar una cuenta de forma compartida (con uno de los padres como administrador), pero debemos asegurarnos de que la red social o el servicio web lo permite. Las únicas personas con las que los menores deberían compartir sus claves son los padres como garantes de su seguridad. Además, es recomendable establecer como segundo factor de autentificación una segunda barrera más de seguridad. En este caso, se debe incluir el correo electrónico de los padres, el número de teléfono móvil o cualquier dato solicitado que permita recibir alertas de posibles intentos de acceso a las cuentas desde lugares no habituales, así como cualquier intento de cambiar una contraseña.

También, como tercera medida de seguridad, en las redes sociales, en opciones de seguridad o contraseña, debemos activar la verificación de inicio de sesión para, en vez de usar tan solo la contraseña, introducir también un número de teléfono como segunda comprobación que garantice que solo nosotros y nuestros hijos tenemos acceso a la cuenta. Si la cuenta es de Facebook, por ejemplo, en la pestaña de «seguridad» también podemos activar las «alertas de inicio de sesión» que nos avisan de si se está accediendo desde otros dispositivos o navegador diferentes a los habituales o permitidos. Si eso ocurre, las «aprobaciones de inicio de sesión» nos pedirán, además, que ingresemos un código de seguridad.

Y, por último, debemos mantener el correo basura y el *spam* a raya con una buena configuración del servicio de correo y darnos de baja de correos indeseables de fuentes desconocidas y suscripciones a listas, así evitaremos que se cuelen muchos de estos *e-mails* engañosos.

¿Qué hacer si recibimos una notificación de inicio de sesión desde un lugar no habitual en las cuentas de nuestros hijos?

Tras comprobar que, en efecto, se ha accedido a las cuentas desde un sitio no habitual, deberemos ser rápidos, porque el tiempo corre en nuestra contra. En el momento en que recibamos el mensaje de seguridad a nuestra cuenta de recuperación que nos advierte de que alguien ha accedido a su cuenta desde un dispositivo no habitual, deberemos tratar de acceder antes de que lo haga el ladrón y robe la cuenta.

Otra opción que nos proporciona Facebook es poder vincular la cuenta a múltiples direcciones de correo y números de teléfono. De este modo, si no es posible «hacer *login*» (acceder) con la cuenta robada, se puede intentar desde la que hayamos vinculado como cuenta de recuperación. Debemos ser rápidos con estos cambios porque, si el ladrón de cuentas se percata de que lo tenemos configurado, puede eliminar las cuentas asociadas.

Si, aun así, sufrimos un acceso ilegítimo, pero, gracias a nuestra rapidez, hemos evitado la consumación del robo y el cambio de contraseñas, debemos recordar que solo el acceso no consentido ya constituye un delito contra la intimidad. Si decidimos denunciar, sería recomendable que aportemos los registros de acceso a la cuenta con la información adjunta.

¿A qué nos referimos con los registros?

Las redes sociales más importantes nos permiten descargar los registros de acceso a la cuenta y ver desde qué dirección IP se ha accedido a ella. Desde ahí podremos examinar las conexiones y los dispositivos de acceso. Si no sabemos interpretarlo, acercarnos a la comisaría más cercana es una buena idea para que los expertos agentes ciberinvestigadores nos ayuden.

Para finalizar, es recomendable seguir, como siempre, unos consejos:

- Enseñaremos a nuestros hijos a no clicar en ningún archivo, enlace o contenido que conduzca a otras webs y en los que les pidan introducir datos personales. Como ejemplo para practicar, podemos mostrarles algún correo legítimo que hayamos recibido con un adjunto.
- Activaremos la autentificación de doble factor tanto en las redes sociales como en la dirección de correo electrónico de los menores, y vincularemos nuestras cuentas de correo o teléfonos de contacto personales. También es conveniente revisar cada cierto tiempo la configuración de seguridad y privacidad de sus cuentas, incluidas las alertas y la actividad detectada como sospechosa.

  (De hecho, si nosotros tenemos una web personal, sería recomendable que comprobáramos las direcciones de reenvío asociadas a la cuenta personalizada con el dominio de la web: a veces «los malos» acceden, lo cambian y reciben una copia de los *e-mails* que nos llegan, con lo que obtienen información de las facturas pendientes para un posterior intento de estafa al exigir el pago en nombre de la empresa proveedora).
- Mantener actualizado el antivirus, pues ayuda a bloquear páginas maliciosas y filtrar mensajes sospechosos.
- Las redes sociales facilitan mecanismos de reporte para el robo de cuenta. Es cierto (e injusto) que el robo de

cuenta puede suponer la suspensión definitiva de su actividad, pero es un medio para evitar cualquier uso ilícito posterior.

¿Y para qué quieren robar las cuentas de un menor?

El caso más común es que los pequeños pasen a engrosar la considerable cifra de víctimas de robo por recepción de correo malicioso, *phishing,* con la excusa de «actualizar» o «comprobar» la base de datos. «Los malos» hacen envíos de correos malignos de forma masiva con algún tipo de engaño, a la espera de presas. Las estadísticas hablan de un porcentaje de víctimas entre el uno y el tres por ciento del total, lo que puede parecer una cifra minúscula, pero, si tenemos en cuenta que se trata de envíos a millones de correos, las cifras empiezan a ser más jugosas.

También puede suceder que las personas de su círculo con las que se haya compartido las claves accedan de forma no consentida, inesperada, y cambien las contraseñas. Las peleas, discusiones o revanchismos también se dan entre menores.

En otros casos, puede tratarse de la antesala de un posible acoso, amenazas, publicaciones comprometidas, robo de información personal o de una extorsión en el caso de que el autor decida exigir el envío de fotos íntimas, personales o comprometidas si ha existido un robo previo de claves mediante ingeniería social, aprovechando la confianza de su víctima.

37. ¿La publicación de imágenes y comentarios que suplantan la identidad de mi hijo es delito?

Las suplantaciones de identidad se dan con frecuencia en la red. El anonimato y las facilidades de registro provocan que, en ciertas ocasiones, suplantadores de identidad utilicen la imagen y los datos personales de los menores. Como comentamos, el empleo de esta información personal no es delito, pero sí que lo será si esa suplantación da lugar a acciones delictivas posteriores. Es decir: que el malo emplee la identidad del menor para cometer fechorías y pretenda culparlo de ello para evitar su rastreo. Lo que vulgarmente se conoce como «cargar el mochuelo».

¿Qué ocurre si descubrimos a alguien que se hace pasar por nuestros hijos?

Hacerse pasar por una persona física es tan sencillo como tomar prestada su imagen del perfil de WhatsApp o cualquiera de sus imágenes colgadas en Instagram y crear una cuenta con su foto y su nombre. En el momento en que se publiquen fotos de los niños (o se capturen las fotos que colgamos de ellos en WhatsApp), ya son susceptibles de sufrir una suplantación, y esto es algo que no solamente afecta a los personajes públicos o los famosos; puede haber muchos motivos por los que alguien quiera desacreditar o humillar a nuestros hijos.

Podría darse el caso, por ejemplo, de que algún conocido nos pida explicaciones sobre por qué nuestro hijo lo ha insultado desde Facebook, por ejemplo, cuando la realidad es que ni siquiera tiene perfil en esa red social, o podría ocurrir que personas desconocidas se pongan en contacto con él por redes porque han visto su perfil con fotos sugerentes o un anuncio en el que ofrecen servicios de tipo sexual (este caso se considera delito de acoso desde 2015).

Mucha gente cree que las suplantaciones son delito, y sí que es cierto que el artículo 401 del Código Penal tipifica la «usurpación de estado civil», pero este afecta solo a comportamientos muy específicos en los que la utilización de identidades ajenas se produce de forma permanente y para la comisión de otros delitos, como fraudes o falsedades, lo cual dista bastante de la utilización de fotos e información personal para abrir perfiles o hacerse pasar por otras personas para mantener una conversación, obtener información o publicar contenidos (no delictivos) en su nombre sin autorización.

¿Qué ocurre si, aun así, decidimos denunciar?

La mayoría de las denuncias por estos hechos son archivadas por no encuadrarse en el delito que recoge el artículo 401. Si no es así, en el mejor de los casos se instruirá un proceso leve contra la integridad moral (dependiendo de los comentarios que puedan hacer en nombre de nuestros hijos) y, a pesar de obtener autorización judicial para seguir investigando, la red social tiene la última palabra, pero es probable que lo considere libertad de expresión y no facilite los datos de registro del usuario que los está suplantando. Es decir, no podremos saber quién es.

Por increíble que parezca, la red social puede decidir si colaborar o no con la justicia a pesar de que tengamos una habilitación judicial para dar con el suplantador, porque son sus términos y condiciones los que recogen cómo actuará cada red social en estos casos y, por tanto, solo ellos valorarán, en última instancia, lo que es o no libertad de expresión en nuestro país. Nuestra única salida entonces será reportar a su plataforma los perfiles suplantadores y esperar. Para reportar, cada red social pone a disposición del usuario formularios de acceso fáciles de completar y, tras esto, el proceso de retirada del perfil puede durar días, en los cuales tendremos que hacer alarde de fortaleza mientras aguardamos a que desaparezca ese perfil desconocido que no podemos controlar y que está utilizando información personal de nuestros hijos sin saber con qué fines.

Lo peor es que, aunque lo reportemos a la red social, esos perfiles no siempre son retirados porque puede ocurrir que dicha red considere que no vulneran su política de uso. Y, si no estamos de acuerdo con ella, volvemos a la casilla de salida: ¿por qué la aceptamos en nombre de nuestros hijos?

Si se diera el caso de que hubieran sido suplantados en una red social en la que no tienen cuenta, igualmente podemos reportar la suplantación y, si su imagen y datos han sido utilizados para comentar y opinar en cualquier otra web, podemos comunicarlo a sus administradores para que lo retiren lo antes posible, aunque puede que no nos hagan caso.

38. Solo guardo una captura de pantalla de lo ocurrido, ¿es suficiente?

Cuando es un usuario particular quien denuncia, lo habitual es que la policía se encuentre con el típico pantallazo adjunto a ella y, aunque en el mejor de los casos podamos ver algo de su contenido, no debemos olvidar que es vital localizar exactamente en la red lo que se está denunciando, tanto si es un comentario, una publicación, un perfil en redes sociales, un anuncio...

Por poner un ejemplo: aportar capturas de pantalla en una denuncia sin detallar expresamente su ubicación exacta en Internet, la URL o dirección web, tal como figura en la barra de direcciones de nuestro navegador, así como posibles referencias o identificadores técnicos de la publicación (si se trata de un anuncio, por ejemplo, su referencia o el titular del anuncio concreto), será como no hacer nada, y esa denuncia irá, con mucha probabilidad, al archivo.

Con indicaciones vagas será imposible localizar, identificar y comprobar la veracidad de los hechos en la red. Es como ir a denunciar que íbamos por la calle, sin indicar por cuál, paró un vehículo rojo a nuestro lado sin anotar la matrícula, solo ponía Ford, y unas personas morenas, altas, corpulentas y que no hablaban en español nos robaron la cartera. ¿Qué datos nos permiten concretar dónde se produjeron los hechos, con qué vehículo y por quiénes? Ninguno. Pues, si no aportamos la dirección web exacta, los pseudónimos, los *nicks,* los identificadores, las referencias..., ¿cómo podrá un investigador encontrar qué recurso se utilizó para cometer el delito virtual?

En el ámbito empresarial, por fortuna, cada vez es más frecuente que se recurra a los denominados *terceros de confianza* (es un servicio de certificación *online* que permite introducir una URL, mandar un correo, un acta de navegación, etcétera, con garantías técnicas y legales, sin posibilidad de alteración), que son una entidad certificadora o un notario para acreditar la integridad del contenido de una comunicación.

¿Por qué es necesario acreditar su integridad?

Porque cualquier documento electrónico es modificable. Por eso se trata de que aportemos pruebas a través de documentos certificados que acrediten la existencia de un contenido en un determinado momento.

Vamos a poner varios ejemplos.

Cualquier particular o empresa puede ser parte implicada algún día en un proceso penal, civil o social. Si es nuestro caso y la parte contraria lo exige, tendremos que demostrar la veracidad de los documentos electrónicos aportados, pero un pantallazo no ofrece ningún tipo de seguridad legal, es un documento modificable que no garantiza la integridad de su contenido, y es que para alguien mínimamente experto es muy fácil modificar el código fuente de un recurso web o de una conversación web por sistemas de mensajería *online*, por ejemplo. Esta modificación no deja, además, ningún rastro y, una vez impresa, se puede entregar en una comisaría sin posibilidad de contrastar el original, sobre todo si no lo conservan las partes o ha sido borrado.

Puede parecernos injusto que no se admitan estas capturas como prueba, sobre todo cuando no se tienen conocimientos técnicos concretos, pero debemos pensar que, si hoy somos denunciantes, mañana podemos ser denunciados por unas supuestas conversaciones que no tuvieron lugar, por ejemplo, y entonces nos gustaría que todas estas supuestas pruebas contra nosotros pudieran verificarse con garantías.

Y es que nadie dijo nunca que el cibercrimen fuera barato: es fácil de cometer para los autores y difícil y caro de resarcir para sus víctimas, pero, como ya he dicho, ante la duda conviene acudir a una comisaría y solicitar el consejo de un investigador especialista, o bien buscar asesoría en un abogado, notario o perito forense. Si el trabajo se hace bien, es posible que podamos resarcirnos *a posteriori* y hacer repercutir estos gastos en el autor de los hechos.

¿Entonces no sirven las capturas?

No, mientras no haya un criterio establecido. Cualquier documento impreso o presentado mediante copia en un dispositivo informático, como un CD o una memoria USB, solo sirve, en principio, para motivar el inicio de una investigación o la apertura de un proceso. Aun así, cualquiera está en su derecho de presentar como indicio lo que estime oportuno o lo que le dé la gana, otra cosa es que durante el procedimiento, al no haber garantía que permita acreditar la integridad de ese documento electrónico aportado, no pueda ser incorporado como prueba.

Por eso, si se puede (con los medios técnicos, conocimientos o recursos económicos de que dispongamos), es mejor hacerlo de la forma más precisa posible.

¿Por qué se ganan juicios presentando documentos de captura de pantalla?

Hasta hace poco existían contradicciones en los distintos pronunciamientos judiciales con respecto a ese tema. La abogada Verónica Alarcón, especialista en estos temas, contaba el caso de una separación en la que un señor mandó mensajes intimidatorios a su mujer a través de Facebook. En el juicio alegó que la mujer tenía la contraseña de su cuenta y que había sido ella quien había vertido los comentarios haciéndose pasar por él.

Como ella declaró que no conocía la contraseña de su exmarido, lo condenaron. La simple declaración de la mujer sirvió para condenar. En otros casos similares, en cambio, se llegó a acreditar, incluso con el propio terminal, que había sido el exmarido quien había mandado estos mensajes, y el juez no lo consideró prueba suficiente para acreditar los hechos y destruir la presunción de inocencia del acusado. Pero, si se logran aportar testigos que declaren que había alguien delante cuando se mandó el mensaje, entonces sí que hay condena.

Esto no quiere decir entonces que uno pueda presentar lo que tenga más a mano porque determinados veredictos no hayan sido del todo afortunados. Simplemente decimos que, desde hace poco, las sentencias van declarando la nulidad de las capturas de pantalla porque son fácilmente alterables.

Por otra parte, en ocasiones puede ser conveniente acudir al notario para realizar una actuación sobre contenido de Internet o de las redes sociales que luego se puede presentar ante un juez para que la valore. Las actas notariales también pueden ser de utilidad en las webs en las que se expresan opiniones y comentarios o que publiciten ofertas comerciales, e igualmente son válidas para comunicaciones como correos electrónicos, chats de mensajería instantánea, foros, mensajes directos de aplicaciones y SMS. Es decir, cualquier comunicación electrónica, página web o red social pública es susceptible de ser documentada notarialmente y, por tanto, de producir efectos jurídicos.

Ojo, esto no quiere decir que lo que se está documentando sea verídico (un notario no es un experto informático ni tiene el *hardware* y el *software* adecuado para ello), pero tiene unas implicaciones jurídicas importantes para el proceso.

En todo caso, siempre es recomendable que le mostremos al agente que recibe la denuncia la ubicación exacta de la publicación para que compruebe si está activa y así lo haga constar en la denuncia. No es técnicamente lo más recomendable, pero, al menos, un agente habrá podido comprobar que el contenido o la publicación existían en el momento de la puesta en conocimiento de los hechos.

39. ¿Llegarás a saber quién es el autor del delito que has denunciado?

El mundo virtual es intangible, es decir, no podemos tocarlo (de momento). No se puede palpar ni ver una dirección IP, un metadato, una conexión wifi, una aplicación o un archivo de texto, ni el código fuente de una web; son, simplemente, datos, programados y utilizados por humanos.

Estas unidades de información viajan por la red recogidas en paquetes con protocolos y códigos que interpretan máquinas, por lo que ya no es necesaria la presencia del autor del delito, lo que físicamente supone un menor riesgo para este, tanto que puede actuar desde cualquier parte del mundo, sin conocer a su víctima. Algo muy cómodo, sin duda.

Es decir, partimos del hecho de que el autor de un ciberdelito puede ser cualquiera. Esto es lo que se denomina el famoso (y falso) anonimato. «Los malos» pueden navegar por Internet como el hombre invisible bajo su capa, y es que los ciberdelincuentes utilizan lo que se denomina «sistemas de anonimización de las direcciones IP para ocultar su conexión», y también disponen de otros modos de conectarse que dificultan el rastreo, como hacerlo desde un wifi público, desde la conexión del vecino o desde cualquier otra cuyo titular no sea el propio villano. No obstante, los rastros en la red pueden llegar a ser tan numerosos que la capa de la invisibilidad acaba volando por el camino, de modo que deja al descubierto sus orejas y hace que, finalmente, se los pueda identificar.

El éxito de nuestra denuncia también dependerá de los datos que aportemos, por lo que cuantos más indicios podamos recopilar, mucho mejor. No tenemos que saber si un determinado registro digital es válido o de utilidad para el investigador, pero sí que podemos recopilar cuanto podamos y de la forma más precisa, incluso nuestras sospechas, para dar con el posible autor.

Lo que debemos tener muy en cuenta es que la red tiene otras normas que dan facilidades a «los malos», por lo que, a veces, es posible que no se llegue a su identificación, pero no por ello debemos renunciar a buscar resarcimiento para nuestros hijos. Es más, una vez que hayamos denunciado, si seguimos recopilando información o recibimos más datos sobre el posible autor, debemos acercarnos nuevamente a comisaría para ponerlo en conocimiento de los ciberinvestigadores: en la red cualquier mínimo dato es importante y suma en una investigación.

Es esencial actuar con rapidez. El tiempo corre a favor del autor y en contra de las víctimas. La información publicada en Internet puede desaparecer más rápido que el humo. Todos los datos existentes en la red son volátiles, en principio anónimos, susceptibles de ser duplicados, fácilmente modificados e incluso eliminados.

Si con toda la información de que disponemos prevemos que tendremos que enfrentarnos a un proceso, es recomendable seguir a pies juntillas estos consejos:

Consejo 1: Si se comete un delito o creemos que se puede estar cometiendo, no debemos apagar ni encender ningún dispositivo que esté relacionado con los hechos: se puede perder información valiosa que se esté ejecutando en él. El proceso de arranque, tan solo el encendido, ya supone una modificación, suponiendo que después se pueda recuperar la información originaria.

Consejo 2: No debemos alterar, es decir, no debemos operar sobre el soporte original, incluyendo aplicaciones que ya están abiertas.

Consejo 3: No debemos abrir, cerrar ni modificar ningún documento electrónico original, conversaciones de cualquier tipo, en cualquier soporte, físico (un USB, móvil, disco duro, etcétera) u *online* (archivos de texto, vídeos, imágenes, documentos en la nube, etcétera), ya que alteraríamos los metadatos e, incluso, su contenido.

Consejo 4: No modificaremos las contraseñas de ninguna aplicación.

Consejo 5: No interactuaremos con nadie de quien sospechemos y, más importante, no haremos público ni pondremos en conocimiento de terceros que hemos interpuesto o vamos a interponer una denuncia, pues podrían borrar sus huellas.

40. Las redes sociales, ¿son gratis?

Existen muchas redes sociales, cada una dirigida a un tipo de público objetivo o a un nicho de negocio que explote funcionalidades distintas para diferenciarse de «las otras»; mi pregunta es (modo ironía *on*): ¿son los desarrolladores (o quienes pretenden hacer de la red su negocio) tan generosos como para dedicar horas de su vida a ofrecernos servicios sin ningún tipo de contraprestación?

Está claro que al darnos de alta en una red social, o al dar de alta a nuestros hijos, no realizamos ningún desembolso económico. Entonces, ¿cómo es posible que generen tantos beneficios?

Vamos con unas matemáticas de primero de EGB: hace diez años, una empresa dedicada a estudios de mercado me pagó treinta y cinco euros por una encuesta relacionada con mis gustos radiofónicos. Ni tan siquiera era información privada, sino opiniones personales subjetivas. Aceptabas una cesión de datos a una empresa con fines de estudio de mercado, rellenabas varias casillas con escalas de «Me gusta mucho» a «No me gusta nada» y contestabas preguntas cortas sobre cadenas de radio, tipo de música que solías escuchar y otras preferencias.

Pues bien, esas mismas casillas eran igualitas a los apartados que tienes que rellenar para completar los datos requeridos por un perfil en Facebook, y otras redes sociales van extrayendo información de nuestros hábitos de navegación y actividad diaria con «Me gusta», «Páginas seguidas» y un largo etcétera. Y esta información sí que es personal, pues incluye nombre, edad, sexo, lugar de residencia, número de teléfono, correo electrónico, ideología, creencias religiosas, situación sentimental, empleo, formación, ubicación... ¡Ah, e incluso una descripción personal!

Si le añadimos la información que poseen sobre los vídeos que ves, fotos, tus preferencias en lugares frecuentados, deportes, libros, pelis, programas de televisión y música, todos ellos datos que Facebook nos pide que completemos amablemente «para ayudarte a encontrar gente como tú» o para «acertar en ofrecerte contenidos que se ajusten a tus gustos», y multiplicamos esos treinta y cinco euros por los dos mil seiscientos millones de perfiles que Facebook tiene en su poder..., obtenemos la friolera de noventa y un mil millones de euros en ingresos únicamente provenientes de empresas de *marketing*, estudios de mercado, sociales, *big data*, etcétera. Y esto es importante, porque en los cálculos no hemos incluido los ingresos por publicidad, juegos sociales, páginas profesionales y otros de los muchos servicios que ofrece.

En resumen: las redes sociales mercadean con la información que les proporcionamos voluntariamente con ese «aceptar» final: «¿Aceptas que formen parte de tu vida, por siempre jamás, hasta que un acosador, el hastío y el aburrimiento os separe?». Sí, aceptas. De hecho, solicitar la baja de Facebook y de otras plataformas lleva más tiempo que encontrar la salida en una planta de Ikea.

El modo en que interactúan, con quién, qué tipo de contenidos ven nuestros hijos, dónde van y todos los datos personales de su móvil, desde qué dispositivos informáticos y electrónicos acceden a las diferentes aplicaciones, direcciones IP, localización... Todo esto y más es lo que decides ceder en nombre de tus hijos cuando operan a través de una red social «gratuita». Las redes sociales saben más sobre nuestros hijos que nosotros mismos.

Lo peor es que esta no es la única información que controlar: la gente de nuestro entorno también aporta información sobre nuestros hijos, y esto es incluso más peligroso, porque esta información está fuera de tu control: los etiquetan, comentan sus publicaciones, difunden su información personal a desconocidos.

La cantidad de datos que aportamos de forma gratuita y alegre se almacena en grandes ordenadores o estructuras informáticas con un elevado gasto energético, tanto en electricidad como en la refrigeración de las máquinas, hasta el punto de que, en el caso de Google, por ejemplo, se ha llegado a decir que consume el equivalente a una cuarta parte de una central nuclear. Es tal la magnitud de las instalaciones donde guardan nuestra información que su mantenimiento y gasto energético plantea serias cuestiones económicas, de climatización, ahorro y seguridad que llevan a estas grandes compañías a ubicar sus servidores en lugares inhóspitos donde poder mantener una infraestructura técnica tan descomunal a un coste razonable.

En el caso de Wikileaks, sus datos están en un búnker de la Guerra Fría bajo la ciudad sueca de Estocolmo. Microsoft sigue haciendo pruebas con servidores sumergibles en cámaras presurizadas a depositar en el fondo del mar, cerca de donde está el Titanic, para aprovechar así sus condiciones climáticas y la fuerza mareomotriz y no pagar las facturas de luz que debe pagar Google. En cuanto a Facebook, la web <www.silicon.com> asegura que «a la red social de Zuckerberg le preocupa tanto la seguridad de los datos de sus usuarios como el dinero que se gasta en mantener refrigerados los servidores donde los aloja, por eso nada mejor que instalar estas máquinas en una cueva en Suecia». Concretamente, en una ciudad junto al círculo polar ártico.

Según indica la normativa de protección de datos, en cualquier estudio de mercado, red social o webs donde se recojan datos personales sobre los usuarios, el consentimiento se basa en proporcionar al encuestado información clara acerca de la naturaleza de los datos que se recogen, la finalidad para la que se utilizarán y la identidad de la persona u organización responsable del fichero que los recoge. Es decir, deben detallar para qué los quieren y dónde van a estar almacenados.

¿Sabemos qué tratamiento le darán a la información que aportan nuestros hijos?

Os pondré un ejemplo de lo gratuitamente que cedemos nuestros datos: hace tiempo conocí la existencia de una *app* denominada Google Opinion Rewards (traducido al español: «Premios por dar opiniones»). Vi que tenía cinco millones de descargas (en la actualidad, el doble) y que estaba disponible en la tienda Google Play, y me puse a indagar sobre sus fines y funcionamiento. Tras hacer una prueba de uso y leer durante horas las opiniones, obtuve interesantes observaciones sobre la facilidad con que vendemos nuestra privacidad por unos pocos céntimos.

Google Opinion Rewards es una aplicación diseñada por Google Consumer Surveys que ofrece un crédito variable (entre 0,01 y 1,5 euros) para comprar juegos, música y cualquier otra *app* de Google Play a cambio de contestar encuestas breves, empezando por aportar gratuitamente tus datos personales.

Según sus cláusulas, está destinada a mayores de dieciocho años y se supone que los cuestionarios (sobre diferentes temas) llegan una vez por semana. Durante el proceso de instalación, se deben responder unas preguntas básicas, como la edad, y aceptar las condiciones de uso de Google Payments y de Google Wallet, que implican que, entre otras cosas, hemos creado una cuenta de pagos asociada a nuestra cuenta de Google y vamos a facilitar información de contacto, como nombre, teléfono, datos bancarios... Y todo esto se produce sin llevar a cabo un proceso de verificación de edad, por lo que se está permitiendo que accedan al servicio menores (cuando las propias condiciones de uso de Google Payments lo prohíben).

Después, se supone, te envían encuestas una vez por semana. Pero en realidad lo que hacen es mandar o no encuestas de forma arbitraria.

Como se ve, el negocio (para ellos) es sencillo y redondo.

No hay precio fijo por cuestionario, algunos no están remunerados (tampoco el inicial) y otros se pagan a cinco o diez céntimos. La queja más frecuente y amarga es la falta de periodicidad en la entrega de los cuestionarios, que muchos manifiestan no recibir en semanas, meses e, incluso, nunca. Es decir: hemos accedido a vender gran parte de nuestros datos del móvil, geolocalización y nuestra cuenta de Google por unos escasos céntimos o euros. Encima, si llegásemos a obtener crédito, sería para gastar en su propia tienda, ya que no hay posibilidad de traspasar esa cantidad a Google Wallet y monetizarla y gastarla en lo que queramos.

Así que nosotros decidimos, finalmente, cuánto vale nuestra privacidad y seguir o no pensando que a nuestros hijos les ofrecen servicios «gratis» en la red.

41. Redes sociales que arrasan entre los menores y que son potencialmente peligrosas

Ya hemos comentado que cualquier servicio web *online* está diseñado para ganar dinero. Las redes sociales, como cualquier otro proveedor de contenido, son negocios y nuestros hijos, como cualquier usuario adulto, su clientela distinguida. De hecho, son sus consumidores preferidos: sugestionables, manipulables, ingenuos, ávidos de experiencias, impresionables y accesibles. En definitiva, muy vulnerables.

Si bien las redes sociales más veteranas, como Facebook, son las más empleadas por los menores, el negocio no deja de expandirse, y para ello las redes estudian los gustos, preferencias, hábitos, necesidades, modas y conductas de los menores para hacerse más atractivas para ellos, y es así como los *influencers* sirven como reclamo de *marketing* para llamar su atención con millonarios ingresos solo por vender las maravillas de la nueva red social.

Solo la *app* TikTok, que enloquece a los menores de todo el mundo por la posibilidad de crear vídeos cortos de quince segundos e integrarlos en cualquier otra plataforma, como Instagram o YouTube, ha superado en muy poco tiempo los quinientos millones de usuarios.

¿Cómo extrañarnos entonces de que menores convertidos en verdaderas estrellas de la red acaben con trastornos psicológicos cuando dejan de ser influyentes? ¿Quién les enseñará a manejar la frustración y la autoestima cuando lo han tenido todo por grabar vídeos de quince segundos con los bailes de moda?

En la actualidad hay cientos de redes sociales. ¿Por cuál decidirse? Los menores se sienten tentados por todo aquello que más sensaciones y experiencias novedosas les proporciona, de modo que arriesgan su seguridad y se exponen sin ningún pudor con tal de consumir y estar en la aplicación de moda. Muchas de estas nuevas redes les permiten crear contenidos y hacer publicaciones banales, con *selfies*, recreaciones de canciones o comentarios sin contenido que buscan atraer al público de su edad. De hecho, la red siempre es el mejor espacio para migrar a aplicaciones nuevas que los padres no conocen y sentir «que pueden hacer lo que quieren» porque no están bajo el radar parental.

Las redes sociales, en su origen, surgieron como una forma de comunicación, eran la mejor manera de acceder a cualquier persona en cualquier parte del mundo y también un punto de encuentro con aquellos a los que se les había perdido el rastro, como compañeros de colegio, familiares... Ahora son un producto más de consumo que se diseña, desarrolla y vende en función de las funcionalidades, por lo novedoso y las sensaciones que provoca, y más que detenerse a reflexionar si son o no de utilidad, como podría hacer un adulto, los menores buscan estar en redes porque eso les proporciona entretenimiento, diversión y nuevas prácticas.

Hace unos días mi sobrino me enseñaba su perfil en una red social. Tenía más de setenta publicaciones gracias a las que me enteré de todo lo que había hecho el fin de semana y de trapos sucios con sus amigos y conocidos que, por cierto, no cuenta en casa. No habría tenido importancia si no fuera porque tiene trece años. La red social se llama ThisCrush y causa furor entre los menores.

Mientras las redes sociales más afamadas y consumidas entre menores (como puede ser Instagram) se esmeran —o así intentan que parezca— en cumplir con la normativa de protección de datos y con los derechos de los consumidores y en colaborar con las autoridades, otras más novedosas cometen irregularidades que las convierten en potencialmente peligrosas porque no someten a sus usuarios al control que deberían ni establecen límites para operar con funcionalidades que suponen riesgos, más entre menores que no tienen la edad mínima requerida para su uso ni la autorización de los padres para registrarse.

Por este motivo, recomiendo hacer un chequeo elegante del móvil de nuestros hijos y de otros dispositivos a los que tengan acceso y hacer una criba como corresponde de aquellas redes sociales *on fire* entre ellos, pero que no cumplen con los requisitos de seguridad de los que tanto he hablado en este libro.

¿Cuáles son estas redes sociales potencialmente peligrosas?

A continuación citaremos alguna conducta común a estas *apps* que pueden constituir una fuente de exposición y vulnerabilidad para nuestros hijos:

- El proceso de registro se ejecuta en poco tiempo para facilitar el alta de usuarios y no suele requerir ningún tipo de comprobación, verificación de identidad o validación de datos personales. A lo sumo, exigen una cuenta de correo electrónico o teléfono asociado como medida de seguridad. El menor escoge un *nick* o pseudónimo con el que desee identificarse y una contraseña para acceder al servicio y, tras esto, ya está dado de alta y ya puede empezar a publicar, lo que permite que haya menores de cualquier edad con cuentas en redes a pesar de requerirse autorización paternal. De hecho, TikTok fue sancionada recientemente por ello.
- Los menores han de aceptar obligatoriamente unos términos y condiciones de uso o cláusulas legales impuestas por el servicio, que nunca leen pero que constituyen un verdadero contrato mercantil. En ellas, se

detallan las normas establecidas por la red y pueden contener procesos de alta ocultos, como la suscripción a servicios con coste adicional. De hecho, algunas de estas normas están en otros idiomas (cuando deben ser lo más comprensibles para el usuario) e incumplen así la normativa particular del país en el que operan.

- La red social no supervisa fehacientemente el contenido publicado por sus usuarios, por lo que puede contener páginas y perfiles con imágenes o comentarios nocivos, violentos o pornográficos que en muchos casos no son retirados porque «no incumplen la política de uso de la red social» o tardan un tiempo en serlo porque han de ser reportados por un número determinado de usuarios.

- Permiten el alta de perfiles y páginas de carácter comercial que publicitan servicios y bienes falsos que no son retirados debido a los pagos que hacen a la red social por publicidad.

- Publicitan juegos, sorteos u otro tipo de entretenimiento que, si bien no tienen un coste inicial como gancho, sí que exigen a los menores micropagos a cambio de mayores privilegios, subir de nivel... Todos estos premios provocan cargos inesperados en nuestras tarjetas y, pese a que las redes sociales manifiestan estar comprometidas para evitar que los menores se enganchen a estos juegos y acaben en este tipo de «sorpresas en tus cuentas bancarias», no devuelven el dinero, sencillamente porque la ley no las obliga. La pela es la pela.

- Bajo la posibilidad de registrarse con un pseudónimo, venden la sensación de un falso anonimato, que, por supuesto, no existe. Es cierto que la publicación y el proceso de registro son públicamente anónimos, pero la red social puede retener información personal y de contacto de los usuarios, como el nombre, la fecha de nacimiento, direcciones de correo electrónico y números de teléfono, información demográfica, código postal, preferencias e intereses... Y también datos técnicos que se recopilan de forma automática en cualquier conexión referentes al menor y su navegación: dirección IP, tipo y versión del navegador web, sistema operativo...

  Percibir que sus vídeos o comentarios son anónimos proporciona a los menores una falsa sensación de seguridad y privacidad que no es tal, y publican comentarios que pueden vulnerar la libertad de expresión o implicar acoso, humillación o llevarlos a publicar vídeos de carácter íntimo que nunca deberían salir de su móvil.

- Las redes lo dejan muy claro: no se responsabilizan de los daños que pueda ocasionar el uso de la *app*. Es decir, ahí nos las apañemos si nuestros hijos reciben amenazas o son acosados, humillados o vejados de forma pública, porque ellos eluden toda responsabilidad.

- Además de utilizar la información personal de los menores para fines comerciales y de estudios de mercado, al ofrecerse como «servicios gratuitos», estos recibirán la llamada sugerente de anuncios de tipo *clickbait* (noticia reclamo) como «Juega al juego de moda», «Ofertas en zapatillas de moda», que ganan dinero según el número de clics. Son anuncios gancho, algunos absurdos, y todo tipo de reclamos en los que utilizan la localización de nuestros hijos para incluirla en los titulares e imágenes manipuladas que solo buscan esos clics.

• A veces el domicilio social de ciertas redes sociales se encuentra en países lejanos, islas y lugares inhóspitos, ya sea para evitar ser sometido a las normativas de países más rígidos o para gozar de beneficios fiscales generosos, pero, en todo caso, fuera de toda jurisdicción o normativa española. Es decir, cualquier reclamación, publicación o hecho que necesitemos reportar acabará en la bandeja de correo de un señor que está a miles de kilómetros de nuestro hogar. Por supuesto, la posibilidad de que nuestras peticiones sean atendidas será nula.

• No supervisan cada una de las publicaciones de los miles o millones de personas que forman parte de cada red, porque, aunque puede que sus servicios de monitorización y filtrado criben por palabras clave, como «suicidio», en sus búsquedas, se reservan el derecho a monitorear o filtrar lo que se publica cuando lo estimen oportuno. Es decir, no especifican qué es objeto de monitorización, y esto incluye que cualquier contenido esté al alcance de nuestros hijos y, también, que nuestros controles parentales tengan que trabajar más de lo previsto.

- Algunas redes, como ThisCrush, están publicadas bajo protocolos inseguros que dejan expuesta la información de los menores ante posibles interceptaciones. Si el propio sitio web no utiliza una conexión privada con los cifrados oportunos, que son los mínimos requerimientos de un sistema o servicio, qué no harán y cómo guardarán la información personal que nuestros hijos han aportado a la red.

De hecho, muchas de estas redes apelan a la ética del usuario (tan de moda últimamente), que es como apelar al bien común. Así, bajo advertencia de retirada o cancelación temporal de un perfil ante comportamientos abusivos, queda en sus manos que ciertos comentarios delictivos, instigadores o comprometedores se perpetúen si deciden no retirarlos cuando son reportados o requeridos para ello.

Algunas apps que nuestro radar debe controlar y que enganchan a los menores

Yellow: es el Tinder (web de búsqueda de pareja en adultos) enfocado a niños. Sí, ya fomentan el ligoteo desde que son pequeños. En el proceso de registro, bajo el lema «Mira el presente y deja atrás el pasado encontrando nuevos amigos», les preguntan si están interesados en chicos, chicas o ambos y les piden que suban un *selfie* e indiquen su localización. Luego, el menor va seleccionando perfiles y descartando otros en función, básicamente, de su imagen.

¿Qué está mal?: menores que exponen su imagen con fotos provocativas y que se ponen en el punto de mira de depredadores sexuales. De hecho, aunque el menor tenga una edad inferior a los trece años, la requerida por Yellow, la *app*, por defecto, la eleva a trece en su perfil. Y, si el menor decidiera registrarse con un pseudónimo más difícil de rastrear, al integrarse con *apps* más conocidas, como Instagram o Snapchat, permite localizar a usuarios e invitar a otros para que se registren, lo que facilita la trazabilidad de su rastro *online* a los acosadores.

Snapchat: permite a sus usuarios enviar vídeos y fotografías a cualquiera, y hacerse un *snap*, con la posibilidad de configurar la *app* para que su envío desaparezca tras el tiempo deseado. Por este motivo, es la aplicación número 1 entre los jóvenes que comparten vídeos con contenido sexual, direcciones o mensajes comprometidos, pues piensan que su publicación es efímera y que por ello no puede ser capturada y difundida entre otros contactos, aunque sí que se puede hacer.

Tiene una opción, con el icono de una llamita, que indica que los demás usuarios pueden mandar contenidos privados, un *snap*, durante dos días o más. Es popular porque muchos menores saben que sus padres no la conocen.

¿Qué está mal?: todo.

Tumblr: es una *app* que sirve para explorar intereses, para buscar gente con sus mismas preferencias, para compartir contenidos y para seguir los blogs (webs) preferidos del menor. Pueden compartir vídeos, fotos, textos, música y enlaces a otros sitios desde el buscador del PC, el móvil e, incluso, el correo electrónico. Todas las cuentas de los usuarios son públicas, no pueden ser privadas, por lo que menores y adultos comparten espacio y los menores usan perfiles falsos con los que escudarse en el anonimato, y así evitan que se descubra su verdadera identidad y edad para poder expresarse libremente sobre cualquier tema.

¿Qué está mal?: lo que el menor no sabe es que, si introduces su verdadero correo electrónico, Tumblr te da información sobre el *nick* asociado y quién puede estar tras él. Además, tampoco se puede configurar la privacidad para que ciertos perfiles puedan dejar de ver las publicaciones, por lo que no pueden evitar seguir siendo vigilados por un tercero, lo que perpetúa posibles conductas de acoso.

Más todavía: permite la publicación de contenido adulto que, si no es configurado expresamente por el menor para evitar que aparezca en sus búsquedas, quedará a su alcance. De hecho, Tumblr no cambió su política de retirada de contenidos nocivos, como los trastornos alimentarios, la autolesión o el suicidio, hasta la muerte de un menor inglés de doce años. Aun así, no realiza una monitorización continua de contenido salvo que sea reportado por usuarios, con lo que este puede estar al alcance de menores durante ese tiempo.

Además, es la plataforma preferida de los *trolls* (usuarios molestos que hacen comentarios negativos y vejatorios contra un perfil), por lo que es probable que un acosador se escude en estos perfiles para humillar a sus iguales.

Ask.fm: permite contestar o realizar preguntas a otros usuarios de manera anónima. También se puede saber quiénes están usando la aplicación, ya que consiente el registro en esta *app* a través del perfil de Twitter, Facebook o Google.

Los menores la consideran una *app* ideal, secreta y difícil de rastrear. Les proporciona libertad para expresarse y contestar a otros de forma peyorativa y denigrante, así como para insultar a aquellos a los que odian sin pensar en las consecuencias que se generan. Además, les permite plantear cuestiones y dar respuestas de forma anónima. Se utiliza también para extender rumores, bulos y otras informaciones que pueden iniciar o fomentar situaciones de *ciberbullying*. Si las opciones de privacidad no se configuran bien, los menores pueden ser buscados por su localización, y para un adulto es sencillo contactar de forma anónima con un menor y sugerirle: «Estoy aburrido, ¿qué haces?» e iniciar una conversación.

¿Qué está mal?: por su funcionamiento, permite comportamientos de *bullying,* negativos, despectivos y humillantes, sin que estos estén bajo ningún control.

Pinterest: es una herramienta visual que permite encontrar a personas con los mismos intereses. Los usuarios pueden buscar y encontrar publicaciones («pins») relacionadas con los temas elegidos. Una vez que los encuentran, pueden guardarlos en sus propias pizarras para revisarlos *a posteriori,* nombrarlos, enlazarlos o compartirlos con el resto. Se usa con fines didácticos para buscar proyectos, tutoriales y guías sobre temas diversos.

¿Qué está mal?: las «pizarras» son públicas y pueden ser buscadas en cualquier buscador.

ThisCrush: se puede publicar cualquier contenido, supuestamente bajo una identidad anónima, así que no es de extrañar que en sus cuentas se puedan leer comentarios de contenido violento, sexual, íntimo y personal.

¿Qué está mal?: un registro ultrarrápido y el anonimato, los ingredientes perfectos para despertar la curiosidad del menor pese a los riesgos.

OoVoo: con casi cien millones de usuarios, la mitad solo en los Estados Unidos, es la aplicación de mensajería videochat más empleada del mundo. Parecida a WhatsApp, visualmente es muy versátil y permite hacer videollamadas gratuitas entre el grupo de iguales, de hasta doce personas a la vez, algo que WhatsApp no permite. Están incluidas las llamadas de voz, por lo que los usuarios no necesitan una operadora de red para realizar llamadas entre ellos. De hecho, la imagen y el vídeo son de muy buena calidad y es muy versátil en diversos tipos de dispositivos.

¿Qué está mal?: es la *app* preferida por los depredadores sexuales de menores de nueve a trece años de habla inglesa,

como comunicaron las autoridades al hallarla instalada en los dispositivos de numerosos pederastas. Al incluir la opción de videollamada con alta calidad, también es un medio para requerir contenidos de tipo íntimo y sexual. De hecho, permite compartir la geolocalización real y, al estar integrada con otras aplicaciones, como Facebook o Google, también permite vincular cuentas de los identificadores de OoVoo si tratan de esconderse bajo un pseudónimo falso.

Whisper: los menores utilizan esta aplicación para compartir anónimamente secretos, imágenes y conversaciones. No requiere crearse una cuenta.

¿Qué está mal?: la usan los menores porque permite el anonimato y expresar opiniones y pensamientos que de otra forma no harían, con todo lo que eso implica.

TikTok: esta nueva red social arrasa entre los niños de ocho a dieciséis años. Permite crear, editar y compartir en otras redes sociales vídeos de quince segundos. Es la evolución de Musical.ly, una *app* musical para adolescentes. En los vídeos, los menores suelen representar fragmentos de canciones de moda en *playback*.

¿Qué está mal?: la *app* no filtra si la letra escogida es inapropiada, violenta o de carácter vejatorio o sexual. Aunque esta *app* parezca más inofensiva que el resto, se han localizado adultos que contactan con menores a través de las funcionalidades del sistema de chat de la aplicación. De hecho, salvo que el menor lo configure de otro modo, es habitual que las

cuentas sean públicas. Esta aplicación ha sido prohibida en Indonesia debido a que el contenido de carácter dañino, peligroso y sexual puede ser identificado con facilidad.

Otras *apps* que no hemos mencionado porque es imposible recogerlas todas, pero que debemos tener en cuenta son **Hot or Not, Omegle, Down** y **Poor.**

Aprovechando la libertad que les conceden este tipo de *apps,* los menores comparten pensamientos y sentimientos públicamente que no transmiten en casa por vergüenza, falta de confianza y comunicación con el resto de la familia o por miedo a consecuencias, como que los priven del móvil. Algunos padres se crean perfiles para seguir a sus hijos anónimamente y ver qué tipo de publicaciones realizan, sobre todo aquellas que garantizan el anonimato, pero lo ideal sería fomentar un ambiente de confianza suficiente como para que los hijos no tengan que recurrir a estas redes porque pueden comunicarse en casa. En último extremo, para los padres que se crean perfiles falsos, siempre existe el riesgo de ser descubiertos por los hijos, y, si esto sucede, el efecto rebote hará que los menores protejan más sus cuentas y mantengan una actitud huidiza con los adultos.

Una manera de verificar y conocer la opinión de los usuarios de una *app* de la que dudamos es leer los comentarios que aparecen en las tiendas de descarga.

Las redes conllevan una serie de peligros que no solo dependen de la participación y del grado de exposición que los menores quieran tener en ellas, porque estos grandes imperios comerciales deciden imponer sus propias reglas, incluso peligrosas para la privacidad de los menores, con el único fin de captar clientela.

42. ¿Cómo pueden mis hijos ocultar *apps* en los dispositivos móviles?

Ahora que estamos al día de las *apps* más *top* entre los menores, es hora de hacer una ITV a los dispositivos de nuestros hijos, y a los nuestros si tienen acceso a ellos.

No siempre va a ser tan sencillo como escudriñar el fondo de escritorio a ver si algunos iconos responden a las aplicaciones de las que hemos hablado páginas atrás. Como buenos nativos digitales, saben que son monitorizados y supervisados por sus padres y buscan formas para esconder «el cuerpo del delito». Al fin y al cabo, que empleen esas *apps* no quiere decir que estén haciendo nada prohibido (aunque ya lo es descargarse algunas de ellas si son menores de trece o catorce años). Simplemente buscan no ser excluidos de la conversación con sus iguales, muchos de los cuales ya tontean con perfiles a escondidas o sin el conocimiento de sus padres.

Sea como fuere, aquí van algunos **consejos para padres ciberinvestigadores:**

- **Reinicia el móvil.** Las *apps* crean accesos directos en forma de iconos en el escritorio. Como en cualquier

PC, estos iconos se pueden recolocar en carpetas según su temática. Algunos menores simplemente crean una carpeta y la nombran con conceptos que pueden distraer nuestra atención, como «documentos», «vídeo», «colegio», etcétera. De esta forma, que la carpeta creada tenga el mismo formato visual que un icono nos hará creer que contiene archivos relacionados con la temática que su nombre indica, cuando, en realidad, contiene juegos o lo que el menor quiera ocultar. Incluso usan el truco de arrastrar los iconos fuera de la pantalla para hacerlos invisibles, y solo podremos volver a verlos si reiniciamos el dispositivo.

- **Ve a la tienda de *apps*.** En los *stores* o tiendas de Google o Apple podemos buscar la aplicación y comprobar si aparece la opción «Descargar», lo que indicaría que no ha sido descargada. Si aparece «Actualizar» o «Instalada», ya sabemos que nuestros hijos se la han descargado y toca buscarla en el dispositivo a ver dónde la han escondido.
- **Siempre queda la opción «buscar».** El móvil nos da la opción de buscar dentro del propio dispositivo, algo muy útil y socorrido. Con introducir correctamente el nombre de la aplicación que queremos encontrar, obtendremos un resultado positivo u obtendremos un «no encontrado».
- **Comprueba el listado de «aplicaciones».** En la carpeta «Aplicaciones» de la opción «Ajustes» podremos comprobar una a una qué *apps* tiene instaladas. Si no

reconocemos alguna, solo tenemos que ir a Internet y comprobar para qué sirve.

Dicho todo esto, tampoco está de más que hagamos estas comprobaciones en otros dispositivos móviles a los que nuestros hijos puedan acceder, no sea que tengamos a la *app* enemiga metida en nuestro propio territorio.

43. Mamá, quiero ser *youtuber* o *instagramer*

Ya lo decía Jacinto Benavente: «Es más fácil ser genial que tener sentido común». Hace unas semanas se me ocurrió diseñar unos recuerdos de comunión para mi sobrina. Quiere ser *youtuber*. Le pedí que imaginara que tenía un canal en esa red social y que grabara un vídeo para invitar a sus seguidores a su celebración. Dispusimos la cámara del móvil con un pequeño trípode, nos sentamos frente al miniobjetivo y le pedí que escenificara cómo se presentaba ante sus seguidores, de qué les hablaba y cómo se despedía. En el momento en que me metí en su mundo, se transformó y dejó a un lado su timidez. Mientras el móvil nos grababa, ambas charlábamos de los detalles de su comunión como dos tertulianas y nos despedíamos al modo «Sonia, la *youtuber*». La experiencia me pareció divertida y creo que a ella también. Desde entonces, soy la tía guay que no le echa broncas por querer ser *youtuber*.

Mi sobrina tiene diez años y graba vídeos con su móvil para los seguidores de su canal en YouTube sobre cocina, en el que explica trucos para hacer pasteles. Los graba en casa, delante de sus padres. Tiene su propia estética, se presenta y se despide siempre igual, pero hay algo importante: el canal es inventado y no publica los vídeos, solo los graba. Así practica para cuando sea mayor y conozca mejor el mundo en el que quiere destacar. Se expresa y dirige «a su público» con enorme soltura. Nos da mil vueltas a muchos adultos, y es que convertir la influencia en una profesión se está convirtiendo en el deseo de muchos jóvenes. Nunca habríamos imaginado, hace diez años, que los *bloggers* de antaño se convertirían en *youtubers* o *instagramers* con legiones de fans. De hecho, hace unos días me topé con el anuncio de un «máster para ser *influencer*». De verdad, ya no sé qué pensar. «El mundo se va a la mierda», como suelen decir algunos.

Cuando mi cuenta en Twitter llegó a los diez mil seguidores, recuerdo que recibí varios *e-mails* y mensajes directos en los que ciertas empresas de *marketing* me informaban de que mi cuenta se había convertido en un perfil influyente en el sector tecnológico. Por tal motivo, me ofrecían cierta cantidad de dinero por anunciar sus productos a través de ella. Esto, que para mí puede ser anecdótico, para otros se convierte en un anhelado y obsesivo deseo: vivir de su propia marca y convertirse en un fenómeno de las redes, con admiradores que siguen consejos y opiniones. No solo son famosos y adulados como estrellas desde jóvenes, sino que sus cuentas reciben ingentes ingresos por promocionar marcas y productos.

Sin embargo, ahora el número de seguidores ya no es lo más deseado por las empresas, porque, tras un tiempo analizando la verdadera «influencia» de estos *influencers* y el fraude que se encuentra detrás de cuentas con numerosos seguidores, se está optando por analizar la verdadera interacción *influencer*-seguidor para determinar su capacidad real para intervenir en las decisiones de estos y traducirlo en la monetización posterior de las inversiones. Por eso, no nos debe extrañar que perfiles que son verdaderos generadores de contenido y opinión en la audiencia, con cinco mil o diez mil seguidores, tengan ese *engagement* (conexión con su audiencia) y sean mejores objetivos comerciales que uno de cien mil. Lo son porque tienen la capacidad de convertirse en auténticos líderes en su materia e interactuar de forma cercana con sus seguidores.

No obstante, convertirse en una figura de las redes sociales no implica que, bajo el amparo de esa espontaneidad y la aprobación de miles de personas, un *influencer* pueda expresar y hacer todo aquello que se le pase por la cabeza sin que eso tenga consecuencias. De hecho, la imagen que difunden inicialmente empieza siendo algo divertido, casi un juego, un entrenamiento, un *hobbie,* pero pronto se convierten en anuncios comerciales bajo la lupa de influyentes marcas que se juegan el dinero y el prestigio al asociar sus productos a ellos. Hay algunos, como sucede con todas las modas, que adquieren gran relevancia y otros que con el tiempo dejan de interesar y son destronados por las nuevas promesas «youtubescas» e «instagrameras». Ese fue el caso del *youtuber* Sergio Soler, conocido como Mr. Gran Bomba, y su famoso insulto «Caranchoa», que fue agredido por un repartidor que hacía su trabajo después de que el *youtuber* lo hubiera insultado repetidamente: un ejemplo de las consecuencias de cruzar ciertas líneas con actitudes prepotentes e, incluso, delictivas. El repartidor le propinó una bofetada que el *youtuber* consideró una agresión injustificada, el incidente acabó en los tribunales y Sergio se expuso a una acusación por injurias graves en la que se le exigieron medio millón de euros pero de la que acabó siendo absuelto. Su vídeo recibió en un solo día 1,3 millones de visitas, pero pasó de ser quien realizaba lo que él consideraba bromas a ser objeto de sus mismos insultos e improperios. Al final, tuvo que vender su canal.

Y es que no es oro todo lo que reluce: convertirse en un perfil influyente exige muchas dotes de creatividad, espontaneidad, originalidad, oportunismo y constancia. Todo el mundo vale para exhibirse delante de la *webcam,* pero muy pocos consiguen enganchar al público con contenidos de interés de forma natural, espontánea y divertida.

Cuando ciertos perfiles llegan a convertirse en *influencers,* han de gestionar con cautela el mensaje que mandan, sobre todo si va aparejado a la venta de un producto. Los *influencers* más prestigiosos se rodean de representantes y asesores legales para ser aconsejados en cuestiones de *marketing,* legales o fiscales, porque presentarse como imagen de marca conlleva una esmerada estrategia de venta que debe aunar la esencia del canal con la publicidad de un producto. Se estima que el mercado mueve más de cien millones de euros, sobre todo en sectores como belleza, moda, cocina o videojuegos, lo que hace que el deseo de ser influente y vivir de ello sea patente sobre todo en gente joven, aunque solo unos pocos llegan a obtener ingresos destacables.

Como padres, debemos saber que los canales de vídeo se han convertido en la forma preferida de los menores para aprender, y por ello pasan horas y horas consumiendo contenidos. Es recomendable que estemos al corriente de quiénes son sus ídolos y cuáles son los mensajes que lanzan, porque a veces exponen comportamientos nada ejemplares que pueden generar conductas imitativas.

Es bueno tener ejemplos que seguir, un espejo de lo que nos gustaría ser. Los menores y jóvenes necesitan referentes, pero debemos procurar que estos referentes ofrezcan una imagen positiva, sana y congruente con su edad. Hay *youtubers* muy positivos que ofrecen contenidos didácticos y creativos.

Si lo que les gusta a nuestros hijos es lanzarse a publicar, hay que asegurarse de que lo hacen porque los motiva un tema concreto como *hobbie* y diversión. Si acuden llamados por las cuantías que se manejan en este mundo, desde luego no es la mejor opción, porque muy pocos generan esos capitales. Hay que enseñarles el valor del dinero y lo difícil que es ganarlo, por más que haya padres de niños muy pequeños que ya son auténticas estrellas probando juguetes y haciendo caja a costa de la espontaneidad de su retoño.

¿Cuál es la edad mínima para tener un canal de YouTube?

Trece años. Si les permitimos publicar cuando son menores de esa edad, deberían hacerlo desde un canal creado y supervisado por nosotros mismos.

No obstante, si nuestro hijo está decidido, pese a todo, a abrir su propio canal, debemos saber que, a efectos legales, hay una serie de importantes limitaciones y requerimientos exigidos por YouTube:

- Ha de darse de alta en Google Adsense, un programa de publicidad de Google que permite ver anuncios de empresas en el canal, siempre y cuando sean creados con otra herramienta de la misma empresa, que es Adwords. La cuestión es que ese servicio requiere tener como mínimo dieciocho años. Por tanto, para que un menor, no ya de trece, sino de dieciocho, pueda gestionar un canal que monetiza sus vídeos, debe estar autorizado y supervisado por un adulto.
- Por otra parte, aunque ya hemos comentado la necesidad de estar al corriente de las inquietudes de nuestros hijos y de la temática elegida para su nuevo canal, no cualquier contenido está permitido en YouTube: de-

beremos leer atentamente las condiciones legales para ello porque podría tener problemas si, por ejemplo, el contenido generado vulnera derechos de propiedad intelectual, datos personales o la intimidad, y también ha de ajustarse a la normativa de venta y publicidad de los productos vendidos.

Para estar completamente informados de estos extremos, es recomendable leer con esmero la estupenda *Guía legal para youtubers* publicada por el Laboratorio Legal del servicio Términos y Condiciones.

44. Family Link, la herramienta de control «gratuita» de Google

Las socorridas herramientas de control parental controlan y supervisan la actividad de los hijos en la red. Sí, tienen un coste económico, pero es asumible y razonable si tenemos en cuenta que su principal virtud es permitirnos vivir algo más tranquilos, ya que, como una herramienta más, están específicamente diseñadas y desarrolladas por reputadas tecnológicas en ciberseguridad, de manera que todas sus funcionalidades han sido testadas de cara a las necesidades parentales.

No obstante, en los tiempos que corren siempre existe una versión gratuita que determinadas empresas ofrecen como versión *freemium* o antesala de una licencia con coste si queremos disfrutar de toda su operativa y ventajas.

Otras, sin más, nos permiten disfrutar de configuraciones razonables respecto a nuestras necesidades y se cobran «en especie» y de serie su utilización, es decir, a través de la información personal del móvil de nuestros hijos. En este sentido, debe ser decisión personal nuestra, en función de nuestras prioridades y necesidades, permitir que nuestros hijos tengan una cuenta de Google, necesaria para usar esta aplicación «gratuita»: Family Link.

Se trata de una aplicación que permite establecer unas normas básicas para supervisar a nuestros hijos, obviamente, con funcionalidades más restringidas que una herramienta de control parental específica y de pago.

Si son menores de catorce años, lo primero será crear una cuenta de Google para ellos. A partir de esta edad, Google permite que el menor la gestione por su cuenta, pero hasta entonces uno de los padres debe crear su cuenta y vincularla a la suya. No obstante, esta medida de seguridad solo es requerida si el niño declara la edad auténtica, porque, si se hace pasar maliciosamente por mayor de catorce, no habrá ninguna comprobación que se lo impida.

Al crear a nuestros hijos una cuenta de Google, aceptamos su política de privacidad y sus condiciones de uso, y, al hacerlo, damos permiso a la compañía para recoger, utilizar o revelar información sobre nuestros hijos. Es decir: que tanto la cuenta de nuestro hijo como la nuestra propia ofrecerán acceso a muchos productos y servicios de Google incluidos para el público en general y que en su mayoría no están diseñados ni adaptados para niños.

Con su cuenta podrá, por ejemplo, hacer lo siguiente: acceder y buscar en Internet cualquier contenido o enviar y recibir correos electrónicos, mensajes de chat, llamadas de voz y videollamadas de cualquiera que tenga cuenta de Google. Dependiendo de cómo configures los permisos de su cuenta, podrá también comprar y descargar aplicaciones, juegos y otros contenidos disponibles en Google Play, y crear, ver, compartir y recibir contenidos en cualquier formato que pueden compartirse públicamente. Además, cuando tenga más de catorce años, Google podrá, con Google Fit, hacer un seguimiento de datos relativos a su estado físico y salud, como el nivel de actividad, la frecuencia cardíaca, la presión arterial o si come pescado y verduras. Y hay más: los servicios de Google incluyen publicidad y nuestro hijo verá anuncios de cualquier tipo.

Pero si aún seguimos convencidos de que la privacidad de nuestro hijo vale entre quince y cuarenta euros (lo que puede costar una *app* de control parental), una vez que hayamos dado nuestro permiso, la cuenta de nuestro hijo se añadirá al grupo familiar y podremos gestionarla con Family Link una vez que se hayan vinculado (conectado entre ellas).

Tras hacer todo esto, podremos consultar su actividad, gestionar sus aplicaciones, establecer límites de tiempo y bloquear su uso cuando proceda, geoposicionarlos, etcétera, pero para ello debemos configurar los ajustes de la aplicación para filtrar contenidos inadecuados.

En conclusión: el uso de esta aplicación conlleva unas implicaciones para la privacidad de nuestros hijos bastante importantes. Este es un claro ejemplo que nos recuerda el significado de la palabra «gratis» en Internet y de cómo los padres debemos ponderar si sacrificar o no la información personal de nuestros hijos por cuarenta euros del presupuesto familiar.

45. ¿Puedo saber de dónde viene un contenido viral, un bulo o *hoax* que me ha llegado por WhatsApp?

Recibimos inesperadamente una imagen extraña, morbosa, sorprendente o con contenido sexual por WhatsApp. Después nos damos cuenta de que conocemos a la protagonista, la hija de una madre que está en el grupo de padres del colegio. No sabemos por qué se ha difundido, solo que proviene de una persona concreta que lo ha compartido con nosotros y con diez más o, incluso, en un grupo. Respiramos aliviados al comprobar que no es ninguno de nuestros hijos, pero... ¿y si lo fuera?

Vamos a comentar cómo funcionan los contenidos virales (difundidos masivamente entre muchas personas) y a entender sus implicaciones.

No nos planteamos su veracidad, simplemente los compartimos. Si un contenido escandaliza o preocupa, se viraliza por cualquier canal, preferentemente a través de las redes sociales, la mensajería instantánea y los mensajes de correo.

El autor de un bulo inventa y urde cualquier mentira con fines diversos, generalmente denigrar o calumniar. Hay bulos que pueden resultar inofensivos y otros que causan alarma social, pero a nosotros los que nos preocupan son aquellos que humillan y victimizan a nuestros hijos, lo que convierte el bulo, además, en una conducta delictiva. Hay un acosador en la sombra y ha escogido el método más cobarde e infecto para vejarlos, dejando que el resto haga su trabajo al compartirlo hasta la saciedad.

Estos mensajes se llaman *hoax* («bulo») y generalmente constituyen una variante del *spam* (correo no solicitado). Quien los idea aprovecha el anonimato de la red y una información sugerente, alarmista o humanitaria para iniciar su difusión, y el resto se encarga de efectuar su distribución masiva.

Que quede bien claro que el bulo es un mensaje falso que persigue la mayor difusión posible, pero, cuando tiene como objetivo vulnerar los derechos de una persona, en nuestro caso, de un menor, dejan de ser comportamientos atípicos para convertirse en una forma de hostigamiento y un delito de *bullying* en función del alcance y del sentimiento de humillación que sufra nuestro hijo.

A veces, no existe ningún interés en la distribución de estos bulos, pero no son inofensivos. El reenvío masivo y continuo de estas bromas o burlas provoca la saturación de los servidores y dan mala prensa al medio en el cual se difunden a través de *spammers*. El hecho de que su recepción o envío no suponga un coste adicional o no sea un delito no quiere decir que no haya una intencionalidad oculta. Puede ocurrir que con su reenvío se esté favoreciendo una campaña de desprestigio social o empresarial y, además, algunos bulos han sido la antesala del envío de un *malware* real.

Hay muchos tipos de bulos en la red, tantos como formas de maquinar alcanza la imaginación humana. Su objetivo es que nos los creamos: la difusión de información falsa o engañosa sobre aplicaciones y redes sociales, amenazas de *malware* y supuestos *hackers* que advierten sobre problemas de seguridad informática, concursos, premios y regalos o productos con grandes descuentos, labores humanitarias y caritativas que donarán dinero si reenvías, desapariciones de niños, imágenes y vídeos manipulados digitalmente, cartas que predicen graves consecuencias para las personas que «rompen la cadena» y no comparten, información inexacta sobre salud y problemas médicos, famosos que han muerto... Y, cada vez más, falsos avisos de bomba y amenazas terroristas.

No es fácil identificar estos bulos, pero existen algunas pautas:

- El remitente no es alguien conocido y, si lo es, es alguien que ya ha caído en la trampa.
- La información que contienen es extraña, está mal redactada o traducida, con imprecisiones, suena mal (si

provinieran de una fuente oficial no se cometerían semejantes errores cuando va implícito el prestigio de esa marca comercial).

- Su contenido es alarmista («¡Urgente, importante!») o tiene un tono sentimental («¡Cómo no lo vas a compartir!»).

- No van acompañados de *links* donde se pueda ampliar o contrastar la información que difunden.

- Generalmente no son delictivos, pero hay casos en los que el contenido de estos bulos sí que podría incurrir en conductas delictivas muy concretas.

Pongamos un ejemplo de bulo cruel y que afecta a menores: Elena, de quince años, le muestra a su compañera de clase un mensaje que acaba de recibir: «RUMOR: Elena es una cerda que se acuesta con todos los de su clase. A lo mejor tú eres el siguiente: SUERTE» y contiene una foto manipulada de su víctima de carácter erótico. El fin exclusivo de este mensaje es denigrar y humillar a Elena.

En ese caso, su autor anónimo incurriría en un delito contra la integridad moral. Si lo que busca es la humillación, sería una conducta de acoso.

La mala práctica de extender bulos suele ser aséptica. Como las tormentas, aparecen de repente y en unos días escampan, pero no son denunciables, sobre todo si se trata de bulos que no afectan a una persona o empresa en concreto. Sin embargo, en este caso el bulo afecta a tu hija, la humilla, la denigra y no quieres quedarte de brazos cruzados pensando que será una chiquillada. Ningún bulo de ese tipo es una broma, están ideados y difundidos con inquina, para hacer daño.

Si el origen de un bulo es difuso, difícil de concretar, ¿debemos denunciarlo?

Sí. Aunque su dinámica es como la de cualquier otro bulo, puede constituir un delito. A diferencia de un *hoax*, que puede haber sido lanzado por alguno de los cuatro mil cuatrocientos internautas, el que denigra a tu hija ha sido iniciado por una persona que podría estar en su círculo cercano.

Al investigar el bulo, se deberá tener presente que en principio es muy difícil dar con la fuente del mensaje, ya que se difunden de forma rápida e incontrolada por diversos medios. Por tanto, la clave está en determinar su origen y poder acreditar quién ha sido su creador. En ámbitos o círculos más cerrados, como colegios, empresas, etcétera, existen vías de investigación, además del propio contenido del mensaje. Pero, ojo, si decidimos activar la maquinaria penal, es necesario guardar silencio. La discreción es fundamental porque, si llega a oídos de nuestro miserable creador de bulos, le será tan fácil como borrar el mensaje.

También es conveniente que hagamos una lista de posibles «enemigos» o personas del entorno del menor que puedan tener un motivo para lanzar una campaña de humillación. Las sospechas han de ser fundadas, no es de rigor señalar o culpar a alguien por creer que no se lleva bien con nuestros hijos.

Por otra parte, nos aseguraremos de si en el colegio tienen conocimiento del bulo y han tomado alguna medida para minimizar su impacto en el menor.

Por último, intentaremos reconstruir un posible camino de vuelta y averiguar por qué vías ha sido compartido y desde cuándo, salvaguardando cualquier evidencia.

Si el bulo ha sido publicado en alguna red social, existirán registros de conexión y acceso del autor al servicio, por lo que, en este caso, será necesario denunciar, sí o sí, puesto que sin una orden judicial la red social no atenderá ni nuestras peticiones privadas ni escritos policiales que no hayan sido autorizados por un juez.

Como siempre, no deberemos pedir la retirada del contenido hasta asegurarnos de que la Policía Judicial ya ha pedido los datos a la red social cuando nuestro caso esté en los tribunales: es doloroso tener que convivir con contenidos que dañan la imagen y la moral de un hijo, pero, si las evidencias desaparecen en su origen, también se esfuma cualquier posibilidad de investigación.

La denuncia de este tipo de hechos, insisto, requiere de una paciencia excepcional.

46. ¿Es conveniente desactivar las redes de nuestros hijos por un tiempo si identificamos problemas?

¿Por qué no? ¿Es realmente necesario que estén en las redes sociales?

Tras un proceso de victimización, lo menos recomendable es que nuestros hijos sigan expuestos. De hecho, ser objeto de persecuciones en la red crea una especie de dependencia, de síndrome de Estocolmo que puede provocarles pensamientos negativos. Incluso pueden llegar a creer que ellos mismos han generado la situación o que se merecen ser objeto de acoso por no estar «a la altura», ser lo suficientemente espléndidos, guapos, guais o delgados como para estar en las redes.

En este caso, debemos mostrarnos muy comprensivos, evitar culpabilizarlos de la situación o que piensen que han actuado incorrectamente. Es hora de apartar las redes por un tiempo, al menos hasta que el bulo deje de difundirse y pasen unos días. Así evitaremos que nuestros hijos retroalimenten su malestar al pensar que al salir del colegio o conectarse a sus perfiles encontrarán más comentarios denigrantes porque su acosador sigue actuando.

No es tan difícil «apagar»: todas las redes sociales permiten reportar los contenidos una vez que hayamos denunciado para solicitar su retirada y también desactivar temporalmente el perfil.

Y, por fin, cuando decidamos que es hora de volver a la red, es recomendable que estemos especialmente atentos por si observamos cualquier conducta negativa, retraimiento, excesivo apego al móvil, tristeza, insomnio o pérdida de apetito: esto querrá decir que todavía no están preparados para volver, que el acoso ha vuelto o que aún permanecen algunos vestigios digitales de él.

Habrá entonces que negociar ciertas restricciones y crear un clima de confianza para que no duden en acudir a nosotros si la situación continúa o vuelve a manifestarse.

47. ¿De dónde vienen fenómenos como «la ballena azul» o «Momo»?

En 2017, a consecuencia del ingreso hospitalario de una chica de quince años en Barcelona después de que su entorno detectara que había empezado a jugar a un peligroso reto conocido como **«la ballena azul»,** saltaron las todas las alarmas.

Meses antes, este tema había ocupado los noticiarios de medios rusos, donde supuestamente se originó el juego, que se cobró la vida de decenas de víctimas menores. El suceso se extendió a España envuelto en dudas; no se sabía si los informativos habían dado rienda suelta al morbo o realmente se había convertido en un problema que estaba llevando de cabeza a las autoridades rusas.

Un año más tarde, volvió a aparecer un fenómeno de características similares: **«Momo»,** una criatura con un rostro deformado digitalmente que atemorizaba a los menores que recibían su visita, intercalada en un vídeo infantil publicado en alguna plataforma de vídeo como YouTube Kids, aunque estos nunca reconocieron haberlo detectado en sus canales. También llegaba por WhatsApp y les pedía a los menores que lo agregaran a sus contactos. Después, Momo les proponía un juego altamente peligroso que incluía conductas autolesivas, hasta el punto de inducir al menor al suicidio. Según informaron medios extranjeros, en Miami hubo que lamentar un trágico final para un menor que repitió las consignas de esta criatura de las redes. Por algún motivo inexplicable, y a pesar de los miedos, hay niños que llegaban a sentirse atraídos por el tono, la voz, el misterio o el mensaje que trasladaba, como si de un proceso hipnótico se tratara. O, simplemente, actuaban atemorizados, sin pensamiento ni razón.

En 2015 fue «CharlieCharlie»; en 2016, «la morsa»; en 2017, «la ballena azul», y en 2019, «Ayuoki». Estos *creepypastas* (relatos de terror) siempre han formado parte de la literatura de la red y se ubican en páginas de contenido violento, foros *underground* y en la *deep web*.

Pero, desde 2015, como una plaga, se han extendido a la web superficial y escoge a sus víctimas más vulnerables: los menores. Antes de esto, desalmados compartían en las redes *peer to peer* (de compartición de archivos tipo Emule) películas infantiles que en realidad contenían pornografía adulta.

Después de leer todas las noticias e informaciones sobre este fenómeno, **¿qué hay de cierto y qué podemos hacer?**

Estos contenidos se viralizan igual que cualquier bulo y generan conductas imitativas entre los menores. Ante el temor que despiertan, algunos deciden participar y otros no, lo que contribuye a la expansión de este fenómeno, que se hace pasar por el propio foco del horror, lo que hace imposible identificar quién es el ser maligno que idea y origina estas modas tan peligrosas.

Como padres, además de poner el grito en el cielo sobre lo cruel que puede llegar a ser la red con nuestros menores, hay iniciativas que podemos llevar a cabo y que están a nuestro alcance:

- Lo que empieza como un bulo puede acabar en realidad, ya sea como un *hoax* o en forma reto, por lo que debemos ser conscientes de que cualquier contenido, aunque se extienda como una noticia falsa, puede convertirse en un fenómeno atrayente para los menores y convertirse incluso en un peligroso fenómeno.
- Además del riesgo de autolesión, los menores pueden llegar a compartir información con estos peligrosos contactos anónimos que pueda comprometerlos.
- En el momento en que detectemos algún tipo de estos contenidos o un #*challenge* en forma de peligroso reto viral, es recomendable hablar con nuestros hijos sobre la falsedad de estos contenidos y la importancia de no compartirlos.

- Estos fenómenos suelen ir acompañados de imágenes o vídeos impactantes, por lo que siempre será más fácil y accesible chequear las fotos que nuestros hijos almacenan y comparten que rastrear todas sus conversaciones privadas ante cualquier sospecha.

- Tampoco conviene minimizar el impacto psicológico de este fenómeno en ellos, porque pueden sentirse realmente atemorizados, tener pesadillas...

48. ¿Qué información pueden obtener «los malos» a través del teléfono móvil de mis hijos?

La información que se puede obtener de un *smartphone* es cada vez mayor, lo que tiene una gran relevancia para las investigaciones policiales. Si no establecemos límites, el menor no se despegará del móvil, donde guardará parte de su vida e información personal, que, en algún momento, puede comprometerlo.

Por esto es necesario que entendamos a grandes rasgos cómo funciona un móvil de forma básica y simple, para entender qué tipo de datos se pueden obtener de él. Lo primero es distinguir entre el **tráfico de red** y el **tráfico de datos.**

Por una parte, tenemos el **tráfico de red,** esto es, tráfico de llamadas y SMS, número de abonado, tarjeta SIM, cuyo servicio nos lo facilita la operadora de telefonía que contratamos y que guarda (está obligada por ley) toda la información relativa a esta por un período de doce meses, ampliable según los casos. Por tanto, ante cualquier contacto, llamada o mensaje inquietante o sospechoso por este medio, se pueden hacer ciertas indagaciones policiales.

Por otra parte, para el **tráfico de datos** necesitamos una conexión a Internet, que también nos facilita nuestra operadora de telefonía, o también podemos conectarnos de forma inalámbrica sin depender de una operadora, por ejemplo, a través del famoso wifi en un establecimiento comercial que lo ofrezca gratis.

Incluso podemos tener tráfico de datos, es decir, comunicarnos por WhatsApp o publicar en Twitter o Instagram, sin tener tráfico de red, es decir, sin poder recibir o emitir llamadas. Es el caso del «modo avión».

Si se viaja al extranjero o nuestros hijos aún no disponen de su propia línea de teléfono, emplearán las redes wifi para realizar videollamadas y «llamadas de voz IP» (por datos), por lo que podrán conversar con sus contactos y amistades con la misma fluidez con que lo harían a través de una línea telefónica.

Para poder conectarnos tanto al tráfico de red como al de datos, necesitaremos recibir la señal de las antenas de un operador. En cuanto recibimos una llamada, nuestro móvil buscará la antena más próxima con cobertura y, en el momento que comencemos la conversación, la operadora nos posicionará a cierta distancia aproximada de la antena. Así se puede ir marcando el recorrido de una persona siempre que haya señal.

Lo mismo ocurre con los datos: necesitamos conectarnos a una antena para recibir señal en nuestro móvil o por wifi. Si tenemos activado este último, nuestro móvil estará constantemente buscando redes disponibles, así que mi recomendación, por motivos de seguridad, es desactivarlo para tus hijos si no tienen una red conocida a la que conectarse.

Ambos sistemas, el tráfico de voz y datos, se pueden interceptar, pero es una operativa solo disponible para autoridades en el curso de una investigación judicial, salvo que se haga de forma ilegal. No obstante, no es el caso de las llamadas de voz por red, pero sí de los datos: gracias al cifrado, en el caso de ser interceptado un mensaje o una llamada, solo se puede visionar un código alfanumérico, sin ninguna información en claro (un mensaje legible, escrito en cualquier lenguaje).

Por otra parte, otra fuente de información a la que acudir, también con orden judicial, es la información guardada por la operadora, ya sea de telefonía (Movistar, por ejemplo) o la que se almacena en la nube (iCloud de Apple, los correos electrónicos de Gmail, por ejemplo) o la contenida en una copia de seguridad almacenada en la nube recuperable desde el propio terminal físico o pidiéndolo a la proveedora de servicios.

Y otra fuente es la información que contiene el propio teléfono físico, como dispositivo de almacenamiento, por ejemplo, una conversación de WhatsApp o las fotos descargadas de Facebook. Una copia virtual de esa información también se encuentra en los servidores de las aplicaciones que utilizamos, otra cosa es que después no quieran facilitarla a los investigadores. No es el caso de WhatsApp (que es propiedad de Facebook), cuyo funcionamiento supone que las conversaciones no se almacenan en sus servidores, así que, si la conversación no está en el terminal físico o en una copia de seguridad del móvil en la nube, no se puede recuperar. Se perdió. Fin.

Por tanto, la información que obtenemos, que nos descargamos o intercambiamos a través de las aplicaciones también queda almacenada de forma legible en el teléfono móvil y se puede extraer mediante técnicas forenses.

Las labores de «rescate» de la información contenida en el *smartphone* se complican si el teléfono se encuentra deteriorado por alguna circunstancia. Existen empresas dedicadas a la extracción de estos datos en los casos más peliagudos, aunque con un elevado coste.

Lo deseable, en resumen, es que entendamos que un móvil contiene mucha información, tanto de nuestros hijos como de los datos que va acumulando con la navegación en Internet, y por ello debemos asegurarnos de que no prescinden del código de desbloqueo de la pantalla de inicio por comodidad, porque es casi imposible acceder al contenido de un móvil bloqueado y, en caso de robo o extravío, «los malos» pueden utilizar el dispositivo para venderlo en el mercado negro y de segunda mano.

Es decir que si los niños no han adquirido la sana costumbre de establecer el patrón o pin de desbloqueo, el que les haya robado el móvil podrá visionar información personal, como contraseñas o nombres de usuarios, y acceder de forma remota a las aplicaciones más sensibles, como los pagos *online* o las cuentas de correo.

49. Mi hijo ha desaparecido. ¿Podemos hacer alguna indagación en su teléfono móvil?

La desaparición de una persona se convierte en una situación angustiosa que aumenta según van pasando las horas sin noticias. Muchas se resuelven con la aparición voluntaria: el menor ha conocido a otra persona o algún amigo lo ha convencido para pasar unos días juntos o escaparse de casa porque los ánimos están caldeados y, al cabo de unos días, regresa.

Por el contrario, otras desapariciones no tienen un final feliz. A veces, solo con la simple denuncia de los padres ya se puede sospechar que la desaparición no ha sido voluntaria y que el pequeño puede estar expuesto a una situación de peligro: salió de casa sin dinero, documentación o enseres personales; no contesta a las llamadas porque tiene el teléfono apagado o no aparece el doble *check* en WhatsApp cuando se le remite un mensaje, y es extraño que no se haya conectado en ningún momento a la red; salió de casa para dirigirse a un lugar concreto y nunca llegó a su destino...

En estos momentos cobran especial relevancia los rastros digitales que el menor puede haber dejado en la red en forma de comentarios en las redes, contactos con desconocidos, visita de páginas relacionadas con formas de fugarse de casa, posibles mensajes anteriores o, incluso, indicios que hagan presuponer que está ocurriendo algo sospechoso o que le han llevado a tomar la decisión de abandonar el hogar por algún motivo en concreto.

Lo primero que tenemos que hacer es tener presente que debemos salvaguardar cualquier evidencia que encontremos. Por supuesto, nunca debemos manipularla, pues nos arriesgamos a alterar la evidencia o, lo que es peor, a eliminarla sin querer (o queriendo, presos del nerviosismo).

Si no nos sentimos seguros o no sabemos cómo llevar a cabo una serie de pasos, es mejor poner el asunto en manos de expertos tecnológicos de la policía o de un perito forense para que se haga una comprobación exhaustiva y que no quede *app* o mensaje sin rastrear. Nunca debemos dar por hecho algo ni descartarlo como una posible fuente de rastros. He encontrado datos valiosísimos para mis investigaciones en los sitios más recónditos e inesperados.

Haremos acopio de todos los dispositivos de nuestro hijo, aunque alguno de ellos lo haya utilizado de forma esporádica. A lo mejor aquel día que le viste manipular tu tableta buscaba algo concreto, conocedor de que tu supervisión no se extiende a los dispositivos que tú tienes bajo tu propio dominio.

Si encontramos los dispositivos encendidos, intentaremos mantenerlos en ese estado y evitaremos desconectarlos de la electricidad o apagarlos, ya que recopilan, almacenan y registran una serie de eventos en su memoria a corto plazo que pueden darnos información de mucha utilidad, como las contraseñas de sus *apps* si no las conocemos o las han cambiado, rastros de navegación, documentos recientemente abiertos, sesiones iniciadas, tiempo de conexión, etcétera. Si se apagan, esa información se perderá.

También preguntaremos a sus contactos y amigos más cercanos si saben de su paradero o comentaron algo durante sus conversaciones que los pusiera bajo sospecha. La colaboración de terceros puede ser muy valiosa. A veces los menores confían en sus mensajes secretos datos que no comparten en casa por miedo a represalias, vergüenza o temor a ser castigados sin su móvil durante un tiempo.

Tampoco manipularemos, alteraremos o borraremos ninguna información o comunicación que nos venga desde el exterior. Por inverosímil que nos parezca o aunque la fuente de información sea anónima, siempre debemos darle credibilidad y trasladárselo a la policía para que realice las comprobaciones oportunas.

Haremos una revisión exhaustiva de las herramientas de control parental, si estamos utilizando alguna, para chequear su posible localización si llevara consigo el móvil.

Una vez seguidos estos pasos, ampliaremos nuestra denuncia con la información obtenida. En estos casos, se debe actuar de forma rápida para no perder registros e información o correr el riesgo de que un proveedor de servicio haya borrado información de la actividad de nuestro hijo de sus servidores.

Por último, una vez judicializado el asunto, existe la posibilidad de recurrir a los administradores de las diferentes *apps* o servicios *online* que utilizase el menor para comprobar si guardan datos sobre su utilización, han registrado algún tipo de nueva actividad desde su aparición o acceso a algún juego que no deje rastros visibles, como un comentario público.

La nueva normativa de protección de datos responde a la pregunta: ¿qué guardan aquellos que realizan tratamiento de datos, entre los cuales se encuentran proveedores de servicios de alojamiento, operadores de telefonía, Internet, webs, aplicaciones y cualquier aplicación que recopile la información que dejamos en Internet, ya sea voluntariamente o como consecuencia de nuestra actividad en la red o con nuestros teléfonos móviles?

Antes de la nueva normativa en materia de privacidad, estos servicios estaban obligados a atender requerimientos de las autoridades judiciales solo de forma parcial y con muchas limitaciones. Y, aun así, siempre se reservaban la opción de remitir la información que estimaban oportuna, cuanta menos mejor, a veces ni eso.

Ahora, según el principio de transparencia, la ley los obliga a arbitrar fórmulas para facilitar a cualquier ciudadano el ejercicio de sus derechos, incluidos los mecanismos para solicitar y, en su caso, obtener de forma gratuita el acceso a los datos personales y registros publicados en un sitio web.

Además, el interesado tendrá derecho a obtener del responsable una copia de los datos procedentes del tratamiento de la información, si se están tratando o no datos personales que le conciernen y, en tal caso, derecho de acceso a ellos y determinada información.

Y, si esto ya es posible para el mero particular, ahora debe aportarse toda la información no solo a los particulares, sino a las autoridades, siempre que se sospeche que está en juego la seguridad pública o que se puede estar cometiendo una infracción penal. Esto quiere decir que, si antes estos servicios que disponen de tanta información sobre un particular no contribuían aportando su información al decir que «no constaba en sus bases de datos», ahora se ven obligados a entregarla para contribuir al esclarecimiento de las investigaciones.

Vamos a poner un ejemplo muy sencillo con Google: nuestro hijo dispone de una cuenta que le abrimos para vincularla a la *store* y poder descargar *apps*. Google registra cada uno de nuestros pasos; se puede conocer absolutamente casi todo de aquellos usuarios que posean un dispositivo móvil con un sistema operativo Android asociado a su cuenta de Google, e incluso, si queremos saber parte de lo que guarda sobre nosotros, tenemos la opción de descargarlo desde la plataforma.

Solo con nuestro móvil, Google rastrea nuestros propios pasos, registra cada uno de los lugares que visitamos cada día, el día, la hora exacta, el tiempo que tardamos en hacerlo o qué medio de locomoción hemos empleado.

Por eso, si sospechamos que nuestro hijo ha desaparecido, se pueden pedir a través de la policía en los registros de Google.

Esto es trasladable a cualquier operador de telefonía, Internet o proveedor de servicios, pues pueden aportar mucha información tan solo con lo recogido en el dispositivo móvil del menor desaparecido. Simplemente hay que saber de qué servicios disponía.

¿Acaso esto no podría ser una ayuda de inestimable valor para la investigación de la desaparición de nuestros hijos?

50. Mi hijo ha cometido un delito en la red. ¿Qué consecuencias puede tener?

El acceso a Internet y la falta de autocontrol de algunos menores está provocando el hecho sin precedentes de que menores, con conocimiento o no, crucen determinadas líneas cuando de humillar, maltratar o amenazar se trata. La crueldad entre iguales existe, e Internet ofrece muchas formas para idear un ataque personal. En otros casos, los jóvenes tratan de imitar conductas violentas que no dudan en exhibir en las redes con tal de ganar *likes* y popularidad, como en el caso del *happyslapping*, y sus víctimas son generalmente otros menores.

Recibir una comunicación de las autoridades o su visita en casa para informarnos de que nuestro hijo ha cometido un delito es una situación angustiosa y muy sensible que conviene conocer. Los menores actúan no solo en función de la educación que reciben en casa, sino que el entorno de iguales, el colegio o instituto, el qué dirán, la necesidad de aceptación y las redes sociales ejercen, quizás, una mayor presión. A veces cruzan determinados límites sin conocer las consecuencias, pues creen que todo vale en la red.

No obstante, que estén bajo una investigación policial o penal no significa que sean culpables, sino que estamos a la espera de averiguar su participación en los hechos y la sentencia del juez.

Deberemos mostrar apoyo en estos casos, no sin hacerle ver que ciertos comportamientos generan consecuencias serias, no solo penales. La red es un espacio de convivencia y atentar contra los derechos de otros menores puede ser igual o más dañino que hacerlo en el mundo físico. Se dice que a veces es más dolorosa una humillación pública en la red que una bofetada en la cara, porque sus efectos son más destructivos y perduran durante un tiempo.

Los menores, por su edad, requieren un tratamiento específico. Por ello, en el ámbito de los cuerpos policiales existen especialistas en materia de menores que se integran en las unidades de atención familiar.

Este régimen especial de actuación policial se aplicará a los menores comprendidos entre los catorce y los dieciocho años de edad, tanto en labores de protección como de reforma si son infractores. Las actuaciones con menores de edad inferior a catorce años irán dirigidas principalmente a su protección, ya que no están sujetos a responsabilidad penal, y la actuación policial se ajustará a un procedimiento específico regulado desde el año 2000 en una ley de responsabilidad penal de los menores, así como en otras normas aplicables, como las instrucciones de la autoridad judicial y del Ministerio Fiscal y otras contenidas en protocolos policiales.

En todo caso, las investigaciones sobre menores por un presunto delito tratarán primero de verificar la verosimilitud de los hechos denunciados o de las sospechas fundadas de su comisión, la edad e identidad de los partícipes, los delitos concretos, si hubiera más de uno, y los indicios de participación del menor.

Como ya se ha visto en otros casos, no denunciar hechos penales cometidos por menores acaba en el típico comentario famoso de «era un secreto a voces». Es decir, a veces los menores pueden actuar con sensación de impunidad, amedrentar a sus iguales si acuden a «contarlo todo», o es el propio colegio quien no pone en marcha protocolos para determinar qué está pasando y ponerlo en conocimiento de los padres de los niños afectados. Como ya he dicho, una denuncia inicial contra un menor no determina, ni mucho menos, una responsabilidad penal hasta que no haya una sentencia en la que se le condene.

El tratamiento y los trámites policiales a realizar se adecuarán en función de la edad y de las circunstancias personales y familiares del menor, especialmente para aquellos con edades comprendidas entre dieciséis y dieciocho años, así como de la naturaleza de los hechos que originan la intervención, en especial los que afecten gravemente a los bienes jurídicos protegidos.

Dependiendo de la edad que tenga nuestro hijo, se le aplicarán unas medidas de seguridad y unas diligencias de investigación concretas. No es lo mismo que haya cometido un delito contra la libertad sexual que un delito de ciberacoso, amenazas o contra la integridad moral.

Por otro lado, y a pesar de algunas noticias en medios de comunicación y diarios digitales, no se permitirá que se obtengan o difundan imágenes del menor, ya sea autor o testigo de una infracción penal, ni se facilitarán datos que permitan su identificación para cumplir así con la defensa de su derecho al honor, a la intimidad, a la propia imagen y a la protección de la juventud y de la infancia.

Queda prohibida, en todo caso, la divulgación o publicación sin la correspondiente autorización de información relativa a la identidad de víctimas menores de edad, datos que puedan facilitar su identificación de forma directa o indirecta o de aquellas circunstancias personales que han sido valoradas para decidir sus necesidades de protección, así como la obtención, divulgación o publicación de imágenes suyas o de sus familiares.

Con las redes sociales y la publicación morbosa de determinadas acciones, en la actualidad estamos viendo casos en que parece que lo último que importa es la imagen y dignidad de la víctima, que pasa a un segundo plano mientras cualquiera comenta y opina alegremente sobre temas penales que no conoce. Es más, se llega a trasladar por las redes la creencia de que ha sido la propia víctima la que ha generado el suceso, lo que justifica ciertas acciones de los menores infractores.

Cuando toda esta difusión atente contra los derechos del menor, sea víctima o autor, debemos saber que se pueden iniciar acciones legales, civiles o penales contra quienes no respetan estos límites.

No todo está justificado ni el derecho a informar es ilimitado cuando está en juego la dignidad y el honor de las víctimas, mucho más si son menores.

Epílogo |

Con los años, la red se ha convertido en la mayor fuente de inteligencia colectiva. Gracias a ella se abre un mundo infinito de posibilidades y aprendizaje para nuestros menores, con sus ansias infinitas de explorar y asimilar conceptos. Cualquier herramienta, y más si tiene este poder, debe traer consigo un «manual de instrucciones», algo que no ocurre con Internet, motivo por el que los menores están expuestos a cualquier situación. Ese «manual de uso» debemos ser los propios padres, que tenemos la responsabilidad de guiarlos y enseñarles a navegar de forma segura para que sus contactos iniciales con la red sean saludables y puedan obtener el máximo provecho de esta.

Como hemos podido comprobar, quizás el mayor de los misterios de Internet sea aplicar el sentido común, pues si hacemos caso a nuestra perspicacia y enseñamos a los menores a aplicarlo, podremos evitar que crucen determinadas líneas.

No obstante, siempre conviene estar un poco más informados; unas pocas horas de lectura de estas páginas tal vez pueden ser la mejor de las inversiones en su mundo hiperconectado. Gracias a esto, en un futuro nuestros hijos asimilarán buenos hábitos de seguridad que poner en práctica y, por qué no, los transmitirán.

Pese a todo, nos han quedado cuestiones en el tintero, y surgirán otras muchas a partir de ahora, pero espero al menos que nunca olvidéis ese pequeño paso, tan grande y básico para la humanidad, que es buscar en Google «Cómo...», es decir, documentaros digitalmente cuando os asalten las dudas.

La red es esa gran biblioteca común y portátil que muchos de los que ya somos adultos soñábamos tener de pequeños, está llena de millones de páginas de sabiduría y experiencia, y ahora somos los garantes de que nuestros menores se aprovechen de ese magnífico progreso, tesoro más bien, y le saquen el máximo provecho para su futuro aprendizaje. Somos sus custodios digitales, pendientes de cómo buscan y seleccionan en esa gran biblioteca.

Por lo demás, espero que mi traducción del lenguaje técnico y jurídico haya sido lo suficientemente práctica como para haceros entender la magnitud de todo el tristemente infravalorado mundo virtual aplicado al menor.

Aun así, lejos de levantar la polvareda del miedo y los temores, sigo creyendo que somos afortunados de vivir conectados, porque esto nos posibilita encuentros y realidades que nunca antes habríamos imaginado. Y lo que está por llegar.

Epílogo

Desde luego, ningún traje está hecho a medida excepto cuando se lo hace uno mismo, y la red se alimenta de todos, y por eso contiene infinidad de vestiduras, todas ellas igual de valiosas. La buena noticia es que podemos configurar ese mundo conectado a nuestra medida, elegir los complementos y engalanarnos según nuestras propias posibilidades, y ponernos desde ya a crear la vestimenta virtual adecuada también para nuestros hijos.

Una cosa más: no olvides repetir el test del inicio, ¡así podrás comprobar que estas horas de lectura han merecido la pena!

«La inteligencia y el sentido común se abren paso con pocos artificios.»

GOETHE

Su opinión es importante.
En futuras ediciones, estaremos encantados
de recoger sus comentarios sobre este libro.

Por favor, háganoslos llegar a través de nuestra web:

www.plataformaeditorial.com

Para adquirir nuestros títulos,
consulte con su librero habitual.

«Ni siquiera deseo ser un genio,
pues bastante me cuesta ya ser un hombre.»*
ALBERT CAMUS

«*I cannot live without books.*»
«No puedo vivir sin libros.»
THOMAS JEFFERSON

Desde 2013, Plataforma Editorial planta un árbol
por cada título publicado.

* Frase extraída de *Breviario de la dignidad humana* (Plataforma Editorial, 2013).